Cuentos

Letras Hispánicas

Ignacio Aldecoa

Cuentos

Edición
de
Josefina Rodríguez de Aldecoa

SEGUNDA EDICION

EDICIONES CÁTEDRA, S. A. Madrid

Cubierta: Mauro Cáceres

© Josefina Rodríguez de Aldecoa
   Ediciones Cátedra, S. A., 1977
   Don Ramón de la Cruz, 67. Madrid - 1
   Depósito Legal: M. 37.712 - 1977
   ISBN.: 84-376-0099-5
   Printed in Spain
   Impreso en AGRESA
   Gral. Oraa, 9.Madrid - 6
   Papel: Torras Hostench, S. A.

Índice

Introducción

Notas biográficas   11
Los cuentos seleccionados   24
El escritor, sus opiniones y la crítica   33
   Ignacio Aldecoa en sus palabras   33
   Ignacio Aldecoa y la crítica   40

Bibliografía

Obras de Ignacio Aldecoa   51
Bibliografía sobre Ignacio Aldecoa   52

Cuentos

El trabajo

   Entre el cielo y el mar   57
   La urraca cruza la carretera   65
   Seguir de pobres   71

La guerra

   Patio de armas   83
   Un corazón humilde y fatigado   101

La burguesía

   Fuera de juego   113
   Los bisoñés de don Ramón   123
   Aldecoa se burla   133

Los condenados

Los pozos   143
Young Sánchez   149

Los viejos y los niños

La despedida   185
Chico de Madrid   191

Los seres libres

Los bienaventurados   201
Ave del Paraíso   213

Introducción

Notas biográficas

En marzo de 1955 yo escribía unas notas sobre Ignacio para incluir en un pequeño reportaje que había hecho sobre nosotros *El Español* (20-26 de marzo de 1955).

Pienso que hoy, veintidós años más tarde, podría volver a firmar aquellas apasionadas, ingenuas declaraciones. Quiero reproducirlas aquí como un primer paso en este estudio sobre Ignacio y también como homenaje y recuerdo de nuestros años de matrimonio.

El peligro está en el cristal con que se mira. El cristal de los ojos de una mujer, cuando mira a su marido, puede deformarlo y, en consecuencia, reflejar una imagen de él agrandada o empequeñecida. Ahora que tengo que hablar, que escribir de Ignacio, pienso que es difícil decir cosas concretas que le retraten exactamente. Podría estar hablando mil y un días y al final su retrato seguiría siendo oscuro y cabalístico, absurdo quizá. Podría empezar diciendo:

Ignacio es escritor. Escritor de oficio. De escribir vivimos. Ignacio es escritor desde que tiene uso de razón, seguramente desde antes. Casi me atrevería a decir que lo es fisiológicamente, que la literatura es para él una forma de manifestarse no sólo espiritual, sino también física.

Ignacio no se ha improvisado escritor y se vanagloria de ello. Dentro de los límites arbitrarios de sus lecturas, ha recorrido, de la mano de escritores dispares, las distintas etapas de su formación literaria. Ha viajado con Salgari sobre los textos del colegio. Ha soñado con el París maldito de Baudelaire en séptimo de Bachillerato. Luego un día se quedó repentinamente serio entre sus libros. Cuando comprendió que en la aventura de escribir embarcaba equipajes definitivos.

De la adolescencia le quedan a Ignacio raptos e invitaciones a viajes por nombres y geografías diferentes y un libro, *El libro de las algas,* que publicó como despedida a los versos. Un libro muy querido por nosotros, con olor a mar, con nostalgia de costas oscuras y playas luminosas, con canciones marineras que a veces cantamos. De la adolescencia están en casa *La isla del tesoro* y tres estrellas de mar que hace poco tiempo hemos cogido en el Mediterráneo, en una escapada que hicimos juntos a esa adolescencia.

De la juventud que vivimos tenemos nosotros un sentido de la justicia exagerado quizá, y un gran temor a la injusticia. Ignacio ha escrito sesenta cuentos amargos, siete novelas cortas y ha empezado una trilogía que encabeza *El fulgor y la sangre.*

El matrimonio es una vida al alimón y nosotros la hemos extendido al viaje. Por eso, entre los dos, escribimos el primer libro de una serie que se llamará *El camino al alimón.* El libro se titula *Babia, paraíso desconocido* y en él contamos nuestra primera salida de recién casados al valle de Babia, para nosotros paraíso desconocido.

Cuando Susana aprenda a andar puede que tengamos que cambiar el título de la serie iniciada para emprender «El viaje al tresbolillo». Susana, por ahora, ríe y crece, y no muestra demasiado interés por los libros. A pesar de eso, Ignacio y yo queremos que algún día aprenda a leer en un libro de cuentos hecho por nosotros dos. Se llamará *Cuentos para Susana.* Pero todavía tenemos mucho tiempo para escribirlo.

Y, en definitiva, veo que he dicho muy pocas cosas de Ignacio. Debería añadir algunos datos. Por ejemplo: Ignacio sabe cocinar, pescar, nadar. También es capaz de disfrutar con una película del Oeste y creer ciegamente, durante dos horas, que siempre ganan los buenos. Otros pequeños detalles: come guindillas, bebe vino tinto y tiene buenos amigos, unos escritores, otros trotamundos y muchos artesanos.

*   *   *

Ignacio Aldecoa nació en Vitoria, Álava, País Vasco, el 24 de julio de 1925. De familia vasca hasta un número larguísimo de apellidos, sus padres pertenecían a la burguesía de este País. Su padre, pintor decorador, tenía una tienda taller, en el viejo estilo de los artesanos industriales que en algunas ciudades se conserva aún. El fundador de la casa había sido el abuelo Laureano de Aldecoa, que bajó a la llanada alavesa desde las brumas del caserío vizcaíno de Orozco, caserío Aldekoa, perdido en las montañas de Euzkadi.

Ignacio sólo tuvo una hermana menor, Teresa, que actualmente vive en Vitoria, está casada y tiene tres hijos. Sus padres han muerto los dos. La madre, Carmen Isasi, en 1960. El padre, Simón de Aldecoa, en 1972.

La infancia de Ignacio transcurre en esta pequeña ciudad del Norte (pequeña en aquella época) que él ha reflejado en muchos de sus cuentos y en alguna novela corta. Solía afirmar que su vocación de escritor, tempranísima, nació en él como una rebeldía frente al medio burgués, limitadísimo, de su ciudad en aquellos tiempos.

En cuanto a su aprendizaje de narrador, también solía insistir en que debía las primeras lecciones a su abuela materna, María Pedruzo, narradora genial que había vivido las guerras carlistas y que le contaba incansablemente aventuras, reales unas, imaginadas las otras, en las largas tardes de la infancia.

Como alumno del colegio de los marianistas, su experiencia escolar fue desastrosa. Los años de colegio están perfectamente reflejados en cuentos como *Aldecoa se burla* y *Patio de armas*. Era un enemigo para los hermanos profesores y éstos le maltrataban y le relegaban a los últimos puestos de la clase. Su rebeldía constante, su imaginación, su falta de sumisa adaptación al sistema, creo que eran rasgos difíciles de tolerar por los hermanos. Por otra parte, hacia los doce años dejó de asistir a misa y sus manifestaciones de agnosticismo es de suponer que no arreglarían mucho su precaria posición en el colegio.

Su experiencia extraescolar de estos años es muy rica. Como niño y adolescente vivió el campo, el paisaje, los montes y los ríos de su país y los vivió de modo intenso y amoroso. Solía volver constantemente sobre aquellos recuerdos de su infancia vascongada, con gran nostalgia.

Los juegos, los deportes, las lecturas, los experimentos de taxidermia con todo animal que caía en sus manos, la pesca, la caza de pequeños animales, toda una serie de experiencias fascinantes de niño aventurero le hicieron muy feliz. Sus relaciones familiares oscilaban entre el gran afecto que siempre tuvo para los suyos y la permanente disculpa por sus tropiezos escolares.

Un aspecto interesante de esta época es el conocimiento y contacto con un grupo de pintores vascos que se reunían en la tertulia que su padre y su tío Adrián, notable pintor postimpresionista, tenían en el viejo estudio de la casa. Gustavo de Maeztu, Díaz Olano, Echevarría, entre otros, charlaban de pintura, discutían, recordaban los años de París, ciudad donde los hermanos Aldecoa habían pasado parte de su juventud aprendiendo el arte y el oficio, e iban descubriendo a Ignacio otro mundo: el mundo de la bohemia y de los artistas, unas formas de vida que trascendían los estrechos límites de la burguesía vitoriana.

A los diecisiete años, ya con el bachillerato terminado, Ignacio se traslada a Salamanca para iniciar sus estudios en la vieja Universidad. Allí se matricula en la facultad de Filosofía y Letras, pero su verdadero mundo estaba fuera de las aulas. Carmen Martín Gaite cuenta aquellos años en un espléndido y conmovedor artículo que escribió en la muerte de Ignacio:

> ... Ya digo que Ignacio aparecía poco por clase, pero lo curioso es que tampoco le veíamos mucho fuera de ella. En una ocasión vino y nos arrastró a una pelea de bolas de nieve delante de la Catedral, a los que queríamos hacer novillos como a los que no, razón por la cual durante mucho tiempo le he estado asociando a la impresión de fiesta que producen las nevadas; otra vez fui de espectadora a un partido de bútbol de aficionados que jugó por las eras. De cuando en cuando aparecía en el paseo de la una en la Plaza Mayor y se nos acercaba a otra amiga y a mí con conocidos suyos que nos presentaba, generalmente vascos y casi siempre de Medicina, «chicos fuertes y guapos —como decía él— que es lo que necesitáis y no tantos

gafitas». Pero esto era solamente una pequeña muestra de su gama de amistades. Por ejemplo, iba bastante con hombres maduros e incluso viejos. Y con esto queda apuntada otra de sus características: la de que nunca se sintió determinado por las barreras exclusivas de su tiempo ni enclaustrado en generación alguna. Sentía una gran solidaridad y simpatía por la gente mayor, sobre todo si sabía conversar. Con el catedrático de Historia del Arte, don Ángel de Apraiz, que era de Vitoria como él y amigo de su padre, se le veía paseando con frecuencia y sentado en cafés de la Plaza, hablando y venga a hablar. Pero este señor, a quien yo supongo que el padre de Ignacio debía escribir alguna vez pidiéndole noticias del hijo, perdía su pista tantas veces como nosotros y nos preguntaba muchos días en clase si alguno le había visto. No; cuando uno le había dejado de ver, los demás tampoco le habían visto. Le echábamos de menos mucho, yo creo que sobre todo las chicas, y sus reapariciones eran algo muy alegre. En el casino, donde se bailaba los jueves y los domingos, no ponía los pies, a nadie llamó nunca por teléfono para pedirle unos apuntes o cosas por el estilo, no tenía parientes en Salamanca. ¿Dónde se metía? Y él se reía y hacía la comedia del hombre disipado y misterioso: había estado por ahí de crápula con gente fascinante y viciosa, con marqueses venidos a menos, con meretrices, con bufones, con ladrones de guante blanco perseguidos por la justicia, con tahúres, ralea que se oculta, animales de noche. Y sólo de tarde en tarde acababa hablándonos un poco de verdad de sus amigos no universitarios: una colección de gente que a nosotros apenas nos interesaba entonces, embebidos como estábamos en el descubrimiento de la cultura escrita; gente de carne y hueso, en cuya compañía se formaba y de la que sacaba savia para sus historias [1].

Otra versión interesante y coincidente con la de Carmen es la de Antonio Tovar, cuando recuerda aquellos tiempos de Salamanca en que fue profesor de Ignacio:

> Un año, sería el primero que yo enseñaba en Salamanca, apareció aquel muchacho, creía yo que para leer conmigo las historias de Aníbal y Sagunto. Pero no estaba llamado Ignacio Aldecoa a ser uno de aquellos alumnos o

---

[1] Carmen Martín Gaite, «Un aviso: Ha muerto Ignacio Aldecoa», *Estafeta Literaria,* diciembre 1969.

alumnas mías que me llenarían de orgullo cuando un profesor italiano le diría a mi colega de Arqueología y Prehistoria: «Por primera vez los estudiantes españoles de este cursillo saben leer los textos de historiadores sin la traducción.» Muy pronto, en cuanto empezamos a enfrascarnos en la historia de Sagunto, el señor Aldecoa era, tras mis llamadas, no el jovencito espigado con el rebelde pelo aún algo claro de niñez y los negros ojos penetrantes, sino una «f» de falta que yo añadía cada día en la lista. En la ciudad pequeña sabíamos que Aldecoa no tomaba el camino de enriquecerse con la sabiduría de los antiguos. Tal vez iniciaba esa bohemia estudiantil que él ha contado tan maravillosamente en «Maese Zaragosi y Aldecoa su huésped»; se sumía, me imagino, en la pobre, a menudo miserable vida de entonces, y aprendía, no en los libros, lo que era de veras la humanidad que nos rodeaba, la epopeya de la gente pobre, del «hombre cualquiera que trabaja por unas pocas pesetas» y que acaba muchas veces por convertirse en lo que él llama «un hombre mamotreto, insensible, pesado, sucio de polvo, lleno de números, reventado de trabajar tontamente[2].

En el año 45 Ignacio se traslada a Madrid. Agotados, exprimidos los años de Salamanca, el Madrid literario y artístico, atraía a Ignacio como nos atraía a todos los jóvenes que en las provincias soñábamos con esa especie de lejano Parnaso.

En Madrid, Ignacio fue a parar a una pensión bohemia, de estudiantes, pintores, escritores, situada en el Pasaje de la Alhambra, la pensión Garde (que retrata en *Maese Zaragosi y Aldecoa su huésped*). Desde Garde al Café Gijón hay un paso, paso que recorre en seguida Ignacio para sumergirse en las tertulias del momento. Y no sólo el Gijón, sino El Abra, la Granja Castilla, etc.

Lo mismo que en Salamanca, se matricula en la Universidad, en la especialidad de Historia de América, pero va poco por allí.

La Universidad de aquella época era bastante gris y no interesaba mucho —salvo contadísimas excepciones— lo que en ella se podía aprender. Sin embargo, allí en la

---

[2] Antonio Tovar, «Mi cuento de Ignacio Aldecoa», *Gaceta Ilustrada,* 1973.

Universidad se encontró Ignacio con un grupo de jóvenes de su edad que como él, empezaban a escribir y enviaban a las revistas universitarias sus primeros trabajos. Fue un grupo bastante amplio, que coincidió casualmente en los mismos años, en las mismas aulas y que luego iba a ser considerado por muchos, casi una generación, la generación de los años 50 o generación intermedia.

El común denominador de estos muchachos, entre los que me contaba yo, era que habíamos vivido la guerra de niños, con ocho, nueve o diez años, y que teníamos de aquella tragedia una experiencia desconcertante y bastante definitiva.

> ... La particular atmósfera de un mundo en crisis —escribe Ana María Matute rigurosamente contemporánea y amiga del grupo, aunque por aquellos años no vivía en Madrid—, donde nos tocó abrir los ojos —niños asombrados, como me permití adjetivar a los que entonces teníamos diez años, más o menos— de cara al aspecto menos grato de la vida. Cuando tan jóvenes aún asistimos a la tragedia de una guerra entre hermanos. Es por ello que, de una forma u otra, no nos libera nuestra obra de aquel drama, ni de la inolvidable experiencia que supone crecer en un paisaje de muros desconchados, viejos valores cuarteándose, conceptos altisonantes que se apolillaban, como raídos tapices, a nuestro alrededor: vestigios de un antiguo esplendor condenado a desaparecer. Entre la rutina de las viejas enseñanzas, entre cuarteados muros, los que luego fuimos escritores, difícilmente nos desprenderemos de ese recuerdo. Ello, sospecho, nos condujo —con formas distintas, distintas personalidades, distinta sensibilidad— a una misma actitud ante la vida y ante la literatura.

Y así como nuestra infancia había transcurrido bajo el signo de la guerra civil, nuestra adolescencia amanece bajo el signo de la guerra mundial. Nuestro bachillerato se completó entre manifestaciones proalemanas, desfiles, prensa y radio de un solo color frente al conflicto. Casi sin darnos cuenta, llegamos a la Universidad: 1943-1944. Nuestra Universidad, una Universidad empobrecida, censurada, mutilada.

Si la situación económica del país era penosa, a las

privaciones materiales de todo orden, alimentos, ropas, zapatos, utensilios, a la escasez y el racionamiento se unía la privación intelectual. No había libros, no había revistas, no había cine ni teatro que valiese la pena. La prensa era de un marcado matiz oficial. El aislamiento era total. El mundo estaba en guerra y del extranjero no llegaba nada. Vivíamos encerrados en nuestros propios problemas nacionales: el miedo, el desconcierto, la desesperación de la posguerra. La Universidad, reprimida, mezquina, anémica, acobardada, reflejaba la situación del país.

Me parece importante detenerme en las experiencias de esta época porque creo que son imprescindibles para entender a Ignacio y a los escritores de su generación. Quiero insistir en que nosotros, los niños de la guerra, llegamos a la Universidad sin otra experiencia detrás que la derivada de un país en guerra y en posguerra. Nosotros *nunca* habíamos vivido nada diferente de lo que estábamos viviendo. Con nuestros padres no era lo mismo. Ellos, cada uno en su ambiente y en su profesión, habían vivido otras experiencias más libres y más ricas. Habían viajado, habían pertenecido a un partido, habían votado, habían leído y escuchado a los maestros liberales. Nosotros estábamos sumergidos en una etapa durísima de la vida nacional sin nada detrás para recordar por nosotros mismos, nada a lo que poder aferrarnos. No era una situación en la que habíamos caído después de otra más brillante. Nosotros habíamos vivido *siempre* así. Esto es importante para entender el valor que tenían las cosas para nosotros y el valor que teníamos nosotros al enfrentarnos con las cosas.

La consecuencia de la represión intelectual y la dificultad para el acceso a los medios de transmisión de la cultura era, para una minoría al menos, un gran incentivo. Vivíamos en una gran tensión intelectual, teníamos curiosidad, avidez, pasión por acercarnos a un alimento cultural tan difícil de alcanzar y cuando caía un libro en nuestras manos nos lo pasábamos de uno a otro y lo comentábamos con pasión.

Jesús Fernández Santos, Rafael Sánchez Ferlosio, Carmen Martín Gaite, Alfonso Sastre, José María de Quinto, Ignacio y yo, en Madrid, como otros muchachos de la misma generación en Barcelona o en otros lugares de España, formábamos un bloque de amistad y camaradería absolutamente ebrio de literatura. De taberna en taberna, reuniendo el escaso dinero común, de deuda en deuda cuando no lo teníamos, entre las encendidas voces, las canciones, los gritos, los afectos, fueron transcurriendo aquellos años inolvidables.

Jesús Fernández Santos mucho tiempo después los rememora así:

> Lo que para nosotros supuso el paso por la Universidad intentamos valorarlo muchas veces Ignacio y yo en vagas, largas y bizantinas discusiones. La verdad es que allí comenzamos a influir unos en otros, si no en nuestras obras, en lo que entonces comenzábamos a hacer, sí al menos en nuestro afán de lucha ante la vida, por conseguir un puesto en la vida del país, un puesto que tan lejano parecía. Leíamos cosas que valían la pena y que (al menos en lo que a mí respecta) sonaban vagamente a aquello que andábamos buscando. En lo que siempre estuvimos de acuerdo los dos fue en que sin pasar por allí, sin poner en marcha aquel teatro, sin aquellos primeros contactos, aquellas vueltas al atardecer y el recuerdo de algunos profesores accesibles, yo no sería el que ahora soy y tampoco Ignacio el que fue y es todavía [3].

Y Carmen Martín Gaite levanta acta apasionada de aquellas experiencias:

> Por libre, por separado y casi siempre por casualidad, fuimos tomando contacto los amigos de entonces, según iba pudiendo ser, con Sartre, con Hemingway, con Pavese, con Truman Capote, con Italo Calvino, con Tennessee Williams, con Dos Passos, con Kafka, con Priestley, con Joyce, con Ciro Alegría. Las voces desparejadas y lejanas de aquellos escritores eran como un rescoldo en torno al cual necesitábamos agruparnos para enlazar con algo, para no sentir que se partía de cero, y el hecho de pasarnos unos

---

[3] Jesús Fernández Santos, «Ignacio y yo», *Insula,* núm. 280, 1970.

a otros, con los libros, la mención de sus autores, de si vivían acá o allá, de si habían muerto de tal o cual manera, fue lo que convirtió en un humus propio aquel montón de heterogéneas sugerencias.

La crítica que se ha ocupado de este momento literario también hará hincapié en las características de estos escritores que coinciden con las apuntadas por los mismos protagonistas.

Julio M. de la Rosa escribe:

> Los hombres de esta generación del medio siglo llegan con una clara voluntad de apertura, con una intensa libertad interior que señala hacia la exploración de nuevos caminos.

Y Eugenio de Nora:

> Destaca el afán de estos jóvenes por desbordar los límites cerrados nacionales para integrarse en las grandes corrientes de la Weltliteratur.

Acumulando citas de críticos objetivos, recogiendo testimonios de mis contemporáneos y amigos, creo que trato de explicarme yo misma lo que fuimos y lo que somos y por qué fuimos y somos de este modo, «the way we were and the way we are»: Por qué nuestra generación se ha visto tan cargada de responsabilidades, de perplejidades. Por qué nuestra ruptura con el mundo de nuestros atemorizados padres no fue agresiva ni alborotada, sino seria, triste, consciente. Por qué nuestros padres nos daban lástima, nos inspiraban ternura, casi deseábamos protegerles. Vivían tan asustados y querían mantener tan a la fuerza el viejo mito del porvenir seguro... Nosotros veíamos que no podía ser, éramos libres de previsiones y futuros, pero también desengañados antes de empezar. Creo que en la literatura de este grupo se refleja ese desaliento y esa ternura. Se ha hablado de realismo, de literatura social, de literatura pesimista, dura y fea. Así era lo que veíamos y vivíamos desde la infancia. Pero lo contemplábamos con amor. No teníamos odio. No pedíamos cuentas a nadie, padres, hermanos mayores. Lo aceptábamos todo, resignadamente. Muchas veces se ha hablado de literatura resignada para definir a los novelistas de esta generación. Puede ser. Hay mucho valor y mucha sabiduría y mucha humanidad en la resignación.

* * *

Así, los años de estudiantes fueron transcurriendo entre libros, discusiones, tertulias, algunas clases en la Universidad y frecuentes y austeras excursiones en los trenes de la época a las pequeñas ciudades y pueblos de España.

En 1952 nos casamos Ignacio y yo. En 1954 nació nuestra única hija Susana. En 1958 fuimos a Nueva York donde pasamos todo el invierno. La experiencia de Nueva York fue fascinante. La ciudad tan lejana y exótica, entonces, tan capital del mundo en aquellos años, nos entusiasmó. Los cines, los teatros, los museos, pero sobre todo la gente, la vida que palpitaba a nuestro alrededor. En un mismo día podía uno cruzarse por la calle, de hecho nos sucedió, con personajes tan diferentes y atractivos como Greta Garbo, Truman Capote y Jack Dempsey. A través de amigos y amigos estuvimos en contacto con el grupo de la *Partisan Review,* con Gustav Regler, con Jack Kerouac, con Waldo Frank... Nueva York fue una fiesta maravillosa y el país nos atrajo enormemente. Su vitalidad, su violencia, sus contradicciones y contrastes, lo horrible y lo hermoso de su fluido existir; la exuberancia y la grandeza del continente americano.

En 1964 volvimos a visitar EE. UU. para dar conferencias en algunas Universidades. Durante esos años habíamos viajado por distintos países de Europa, incluso fuimos a Polonia en el año 62 para cobrar la traducción de *Con el viento solano* y gastarnos el dinero allí, en diez interesantísimos días.

Y pasábamos grandes temporadas en las islas. Ibiza, la isla que Ignacio amaba tanto. Y también las Canarias. La pasión de Ignacio por el mar se centraba en las islas.

Pero toda aventura marítima le apasionaba: los navegantes solitarios, las exploraciones, la Kontiki.

Por otra parte, le fascinaban los deportes violentos y trágicos, el boxeo y los toros. Todo aquello que supusiera vivir peligrosamente y todo lo que exige al hombre medirse con el obstáculo.

Tenía Ignacio un sentimiento clarísimo de la brevedad de la existencia y una constante obsesión con la muerte, una extraña lucidez en este sentido. No obstante, vivía con intensidad todos los momentos y no se reservaba jamás ni en tiempo ni en energía. Le gustaba agotarlo todo y mantener a los que le rodeaban en una alegre tensión de proyectos, entusiasmos, discusiones, críticas, análisis, divagaciones...

Eusebio García Luengo escribe sobre estos aspectos de la personalidad de Ignacio:

> La vida era para él como un fuerte espectáculo que me explicaba o me relataba sin pretender explicársela. Ciertas metafísicas le producían repeluznos. Por eso quizá gustaba de los espectáculos donde el hombre pone a contribución sus facultades máximas y donde el triunfo del protagonista se hallaba unido al riesgo; donde se jugaba la vida, como en los toros, a los que se había aficionado más últimamente.
>
> Ahora reparo en que tenía tal vez de la vida un sentido de peligro y de arrojo. Por eso quizá la despreciaba, o, mejor dicho, la amaba profundamente, con el deseo de agotarla y con el sentimiento fatal de que era breve, de que de todas maneras, se hiciese lo que se hiciese, se perdía. Y por lo mismo tal vez, sin proponérselo deliberadamente, ha dejado tanta memoria de sí [4].

Ignacio creía con Sartre que «el hombre es una pasión inútil» y lo repetía con frecuencia. Pero se sentía absolutamente solidario con ese hombre condenado a vivir sin sentido, abandonado y luchador.

Totalmente agnóstico desde niño, tenía un sentido ma-

---

[4] Eusebio García Luengo, «Una tarde con Ignacio Aldecoa», *El Urogallo,* núm. cero, 1969.

terialista de la existencia y pensaba que después de esta vida no hay nada.

En política escapaba a cualquier encasillamiento. Básicamente un hombre de izquierdas, participaba de los supuestos generales de un socialismo avanzado, pero su independencia feroz y su sentido crítico agudizado le hubieran impedido afiliarse a cualquier partido. Tenía un gran amor a la libertad y a la justicia y su solidaridad con el ser humano le llevó a escribir de él y de su dignidad.

No obstante su independencia de partidos, siempre que fue necesario tomar una posición o una actitud positiva en política, lo hizo. Cuando juzgó que su nombre o su actitud podían colaborar a protestar de una injusticia o a remediarla, no vaciló. Y en ocasiones, como sus compañeros, fue amenazado violentamente o puesto en el blanco de la denuncia pública.

Por encima de todo amaba la literatura. Decía que ser escritor es una actitud ante la vida. Y amaba la vida intensamente: la tierra, el mar, el aire, los numerosos amigos, el comer y el beber en compañía, la conversación interminable. La belleza y el dolor de la existencia.

Murió repentinamente de un ataque al corazón, en casa de su amigo Domingo Dominguín, cuando iban a salir al campo a ver una tienta taurina. A la una y media de la tarde del 15 de noviembre de 1969.

Los cuentos seleccionados

He seleccionado los cuentos de acuerdo con unos temas previamente fijados. No se trata, como en la excelente clasificación de Alicia Bleiberg [5], de agrupar todos los cuentos de Ignacio, sino de seleccionar unos cuantos. Así, pues, la selección se atiene a los siguientes títulos y temas:

1. EL TRABAJO

Entre el cielo y el mar
La urraca cruza la carretera
Seguir de pobres

2. LA GUERRA

Patio de armas
Un corazón humilde y fatigado

3. LA BURGUESÍA

Fuera de juego
Los bisoñés de don Ramón
Aldecoa se burla

4. LOS CONDENADOS

Los pozos
Young Sánchez.

---

[5] *Ignacio Aldecoa. Cuentos completos.* Prólogo de Alicia Bleiberg,, Madrid, Alianza Editorial, 1973.

5. LOS VIEJOS Y LOS NIÑOS
La despedida
Chico de Madrid

6. LOS SERES LIBRES
Los bienaventurados
Ave del paraíso

*   *   *

Si la literatura es casi siempre testimonio de una época, los cuentos de Ignacio Aldecoa, tan cercanos, son testimonio de unos años, los 50, definitivamente archivados, históricos, pasados ya.

En los cuentos de Ignacio palpita en apretada humanidad la gente triste y resignada, amarga y tierna de nuestro pueblo.

La España de la posguerra es el principal protagonista de estos cuentos. Aquella España vencida, abrumada por el trauma histórico que acababa de sufrir. La España del miedo y la miseria, del temor y la desesperanza. «La pobre gente de España», la piel en carne viva, que apenas puede ser rozada sin dolor, «el corazón humilde y fatigado». La gente que emigra del campo inhóspito y empobrecido a la ciudad hostil, durísima. No hay alternativa para las gentes de España.

Algunos críticos han subrayado que los personajes de Aldecoa, los obreros, los jornaleros, los trabajadores, la gente humilde que desfila por sus cuentos, no tiene conciencia de clase, no se rebela contra la situación de explotación que sufre.

Quizá olvidan que los cuentos de Ignacio con mayor contenido social son cuentos escritos en los años 50 y reflejan situaciones incluso anteriores. Creo que, si recordamos aquellos años de modo vivo y real, admitiremos que la clase obrera vivía y sentía —salvo excepciones de los entonces pequeños grupos políticos clandestinos— como Ignacio los retrata: con un gran sentimiento de injusticia y a la vez con resignación y fatalismo. Se vivía en España una situación demasiado opresiva y de la que parecía imposible salir. De ahí la impotencia y la rabia de los personajes a que luego aludiremos. No hay esperanza. La posguerra ha machacado, ha triturado la capacidad de lucha, ha hundido al pueblo español en la desesperación y la impotencia. Es en los años 60 cuando la vida laboral se politiza, comienzan las primeras huelgas y el obrero de los cuentos de Ignacio, el superviviente amargo de la posguerra cobrará fe en sí mismo y en la capacidad de lucha de su clase.

1. *El trabajo*

Para Ignacio Aldecoa el hombre se hace hombre en lucha con el obstáculo. Cuando este obstáculo es el trabajo, la lucha adquiere una extraordinaria dignidad. Los trabajos de sus personajes son trabajos humildes a los que, sin embargo, una dedicación entrañable confiere grandeza. Es el amor al oficio, la sabiduría en el oficio, por modesto que sea, lo que ennoblece el trabajo. Es esta exaltación, esta intensa identificación del hombre con el trabajo, lo que ha hecho que se hable de una épica de los oficios en la literatura de Aldecoa.

El niño de *Entre el cielo y el mar* se mira en el oficio de su padre y se sueña ya pescador adulto. Y, condenado a un trabajo duro, lo asume con orgullo.

«Le gustaría ser pescador de mar, dejar de pescar desde la playa. Le gustaría salir con las traíñas y estar encargado en ellas de los faroles de petróleo. Y sobre todo hablar del viento de Levante. Decir al llegar a casa, con la superioridad del trabajador del mar: 'Como siga esto así vamos a comer piedras. El Levante nos ha llenado hoy la traíña tres veces...'»

También hay en los cuentos de Ignacio una denuncia de la injusticia para con los que trabajan. *La urraca cruza la carretera* es un buen ejemplo de cuento en el que se denuncia una situación injusta sentida por los que la padecen.

Los hombres que están arreglando la carretera y ven pasar en el automóvil insólito de los años 50 a una gente que pertenece al mundo inalcanzable de los fuertes, se revuelven por dentro.

Su rebeldía apenas sabe expresarse. Dice Casimiro Huertas:

> Uno —añadió una barbaridad—. Uno —repitió— es una porquería sin remedio. Está uno aquí peor que una piedra para que esa gente...
> ...—No es sólo eso, señor Antonio. El dinero de los demás cuando uno... No sé, no lo puedo explicar... Estamos bien fastidiados para que todavía...
> ....
> —No hay derecho —dijo suavemente el señor Antonio—. Son cosas a las que no hay derecho. Tanto dinero es un pecado.

Y Casimiro Huertas, de calor a calor, de fuego a fuego, rememora las penalidades de Marruecos:

> —Como comer brea hirviendo —dijo— o aún peor. Es que hay cosas... Uno no sabe cómo decirlas, pero habría que decirlas... Ya me entiendes, Antonio, tú ya me entiendes...

Y le entendemos todos. No es fortuita la alusión a la guerra de África vivida en la juventud de Casimiro. Forma parte de la misma desazón, de la misma sensación de indefinible rebeldía ante el sacrificio desmesurado de un inmenso grupo de hombres en beneficio de unos pocos. Hay un paralelismo entre el monólogo del señor Antonio que piensa en el automóvil «—Son cosas a las que no hay derecho», y la queja de Casimiro que sigue hablando de la falta de agua en su guerra africana «—Como comer brea hirviendo o aún peor».

Son cosas a las que no hay derecho. La vida es difícil, agotadora. Pero en sus cauces más secos brota la solidaridad. «Seguir de pobres», pero unidos, apoyados, solidarios.

«Cinco hombres solos. Cinco que forman un puño de trabajo.»

Y el Quinto que acaba de salir de la cárcel —siempre el fantasma de la cercana guerra—, pero al que no se le pregunta nada, porque «a un compañero hay que darle ocasión, sin molestarle, de un suspiro, de una lágrima, de una risa».

El compañero está ahí, al lado, formando con los otros el fuerte puño del trabajo. El compañero alivia el trabajo, lo vuelve entrañable y hasta cierto punto alegre.

2. La guerra

—«¿A quién han matado? ¿A quién has dicho que han matado, papá?»

Han matado al padre de Miguel Vázquez, niño de once años, compañero de colegio de Gamarra, el protagonista de *Patio de armas*.

Gamarra-Aldecoa revive la guerra. Los días de colegio, los alemanes ocupando la parte baja del caserón colegial, los padres muertos.

El padre de Vázquez es militar y muere en el frente franquista. Pero hay otros padres en peligro.

> —Isasmendi ha faltado ya dos días —dijo Ugalde—. ¿Estará enfermo?
> —No; dice mi padre que a su padre le han trasladado de cárcel.
> —¿Y eso es malo?
> —Dice mi padre que sí.

El padre de Vázquez, el padre de Isasmendi —muerte de frente, muerte de cárcel— mueren de nuevo en el cuento al cabo de los años.

Nosotros, los que fuimos niños en la guerra, no podremos escapar nunca a la experiencia de aquella España.

Y en *Un corazón humilde y fatigado* otra vez la guerra sentida, sufrida por un muchacho, esta vez desde

28

la lejanía del tiempo, esta vez, la guerra como una visita acuciante, rememoradora.

Toni adivina en el pasado de su padre una sombra terrible que se abate sobre ellos, sobre su presente, sobre su segura tranquilidad. Un hombre, un fantasma, «cargado de lutos antiguos», viene a suplicar, humilde y fatigado, que el padre de Toni certifique la muerte de su hijo. No reprocha, no llora, no se rebela. Simplemente, suplica:

> —Usted lo vio. No le pido más que eso. Lo demás ya no importa. Quien lo hizo no importa.

Y Toni, el hijo, estaba entendiendo. Desde la lejanía.

> Había como un horizonte de tiempo donde estaban sucesos y aullidos que no formaban parte de su vida, y ahora regresaban, siniestros y en bandada.

3. La burguesía

Para Ignacio, burguesía era sinónimo de mezquindad, *meanness*, de limitación, de crueldad con los débiles y de agresividad con los que pretenden ser libres.

La sequedad de corazón, el fanatismo religioso y político, su insolidaria actitud ante los indefensos provoca su indignación.

Sus cuentos de burgueses son hirientes, irónicos, satíricos, crueles. Todo el amor que derrocha con los desheredados de la sociedad se vuelve dureza cuando se ocupa de los grupos humanos que forman la burguesía.

En *Fuera de juego,* Ignacio se asoma a un espectáculo burgués y lo retrata con desamor. «No todos somos iguales —dice el padre de Pablo—, aunque lo debiéramos ser; pero ya la vida te enseñará y no vas a venir tu a reformar la vida. Lo demás son ideas anarquistas que nada valen.»

La sátira, el esperpento, la crítica, se concentran en el agrio retrato del protagonista de *Los bisoñés de don Ra-*

món. Burlesco y despiadado, el «curriculum» de don Ramón esmaltado de regocijantes descripciones, pone de relieve la actitud de Ignacio hacia estos personajes mesocráticos y ministeriales.

Incluyo aquí también *Aldecoa se burla* por considerarlo absolutamente dentro de la línea «crítica de la burguesía» y, en este caso, de una de sus instituciones sacrosantas: el colegio de frailes.

4. *Los condenados*

En su constante bucear en la aventura humana hay unos hombres y unos oficios que Ignacio trata con especial admiración: son los oficios del riesgo y la frustración, los toros y el boxeo.

Mundos trágicos, violentos, en los que el hombre en lucha con el riesgo, persigue un triunfo rara vez alcanzado. En estos cuentos no está presente el brillo, la excitación, la tensión dè las multitudes que vibran con el ídolo. No estamos en el Madison Square Garden para contemplar un golpe afortunado de Joe Louis ni presenciamos en las Ventas una tarde genial de Bienvenida. Los hombres que boxean y torean en los cuentos de Aldecoa son humildes, fracasados, acceden al oficio sabiendo o temiendo de antemano que nunca llegarán.

La frustración de Young Sánchez se ve venir, se adivina en las páginas no escritas. Los hombres de *Los pozos* ya están de vuelta. El Chato la Nava desearía quedarse en casa: «Ni ansias, ni varices, ni canguelo: sopa de ajo.»

5. *Los viejos y los niños*

La soledad, tema constante en la literatura de Ignacio Aldecoa, adquiere matices especiales cuando se trata de los viejos. En *La despedida,* la soledad de la separación temporal viene acentuada por la angustia de la separación definitiva: el temor a la posible muerte del viejo que va al hospital.

La enfermedad y la muerte, injustas siempre, se ensañan con los débiles, con los indefensos, los viejos y los niños.

En los cuentos de Ignacio mueren muchos niños. La presencia de la muerte, otra constante en su. literatura, se acentúa aquí con angustiosa rebeldía.

Así, en *Chico de Madrid,* uno de los primeros cuentos de Ignacio (1950). Creo que en él ya están presentes sus esenciales valores de escritor: el amor al ser humano, la ternura por su frágil destino y la belleza del idioma.

6. *Los seres libres*

Hay unos seres que despiertan todo el amor, la admiración, la alegría de Ignacio. Son los *outsiders,* los vagabundos, los automarginados, los desprendidos de todo, los ligeros de equipaje, los desclasados, los *far out.* Para ellos, Ignacio inventa letanías, himnos, fantásticos fuegos de artificio. Con ellos está a gusto, vive a gusto, desearía ir a su lado por el mundo, los contempla con alegre melancolía.

«Bienaventurados los vagos porque sólo son egoístas de sol y sombra según el tiempo.

Bienaventurados porque son despreciados y les importa un comino.»

«Dans cette race d'hommes libres, nomades, déracinés, que rien ni personne ne semble pouvoir fixer, fiers et pauvres, et croyant volontiers au destin, Aldecoa voit sans doute la condition de tout homme» (Brigitte Legner).

Sí, con esta raza, a Ignacio le gustaba vivir. Con los disparatados, generosos, desarraigados héroes de *Ave del paraíso.* En el paraíso cercano y ya perdido de Ibiza.

«Cuando yo vuelva, si vuelvo, no estaréis aquí.» Dice

el Rey al final del cuento. Y no estamos allí. Tampoco el Rey ha vuelto. El Rey está en una cárcel de Kabul. Sus caballeros, dispersos por las geografías o por las vidas privadas, llenas de renuncias. Cada uno con su soledad.

El escritor, sus opiniones y la crítica *

IGNACIO ALDECOA EN SUS PALABRAS

Ser escritor

«Ser escritor es, antes que nada, una actitud en el mundo. Yo he visto y veo continuamente cómo es la pobre gente de toda España. No adopto una actitud sentimental ni tendenciosa. Lo que me mueve es, sobre todo, el convencimiento de que hay una realidad, cruda y tierna a la vez, que está casi inédita en nuestra novela.»

Destino, 3 diciembre 1955.

«A pesar de la aparente división entre hombre y obra, todo ello forma parte de una unidad como problema, porque yo no creo que el hombre se pueda separar de su obra sino que es su obra, quiero decir que más que vinculación de hombre a criatura es un ensanchamiento y una realización del hombre.»

«Problemas profesionales del escritor» (Conferencia en la Escuela de Arquitectura. Años 60).

---

* En este apartado he tratado de seleccionar y organizar una serie de opiniones de Ignacio expresadas en entrevistas, conferencias y notas sobre la literatura, el escritor, los géneros, etc. Paralelamente, he seleccionado opiniones críticas sobre su obra. Ambas aportaciones documentales darán, espero, al lector de estos cuentos, una más profunda visión del autor.

33

«El creador auténtico está solo, total y definitivamente solo, es animal de fondo al que no lleva la corriente Y ésa es su grandeza y su aventura.»

(Notas escritas).

«—¿Ambiciones?
—Cumplir como escritor o, lo que es lo mismo, cumplir mi quehacer como hombre.»

Juventud, 10 agosto 1957.

«—Si no pudiera escribir, ¿qué haría?
—Intentar escribir.»
Baleares, 21 enero 1968.

«Yo creo que soy esencialmente un narrador.»

El Alcázar, 3 marzo 1967.

Vida, literatura, libertad

«—El mundo de tus novelas en general es un mundo amargo, opresivo, sobre el que parece flotar la fatalidad. ¿Responde esto a tu concepto de la vida?
—Un mundo amargo no tiene por qué ser opresivo. Un mundo puede ser dulce y opresivo o amargo y libre. La fatalidad gravita sobre el hombre y el hombre es libre para aceptarla o no aceptarla, de aquí su agonismo. Es claro que mis libros responden a mi concepción de la vida y de la muerte, éste es el caso de cualquier otro escritor.»
Indice, 1 enero 1960.

«Soy por naturaleza nihilista, pero creo en el futuro, aunque no resuelva nada. La humanidad será cada vez mejor. La cultura se masificará, no hay otra alternativa posible.»
SP, 5 junio 1968.

«El ejemplo exige puridad. Sin embargo, esta puridad no es necesaria. Porque, hasta qué punto un buen tanto por ciento de intelectuales y escritores españoles no son, a su vez, un vivo ejemplo, pese a sus manchas y jirones, de honestidad y probidad y valor, en un clima intelectual opresivo que pide prevaricación total. Las manchas y los jirones se consiguen únicamente en la lucha. Y pienso, con tristeza, que esta lucha en la que cotidianamente se opera la metamorfosis de hacer de una derrota una victoria, no tiene fin.»

Homenaje a Albert Camus, Colegio Mayor Santa María 1960.

«A la sociedad española le preocupan muy poco los escritores y la literatura, pero también es verdad que cosas mucho más graves le tienen sin cuidado.»

Tiempo, 2 marzo 1967.

«No parece que la sociedad española acepte una profesión que dentro del pragmatismo elemental de hoy en España es algo que cabalga entre lo estrambótico, la ruina, la chaladura, el ocio y las perversas ideas foráneas. Una sociedad tan esquilmada de inquietudes intelectuales, tan perezosa mentalmente, tan anacrónica y prejuiciada como la nuestra tiene que ser por naturaleza hostil al escritor.»

«Problemas profesionales del escritor» (Conferencia en la Escuela de Arquitectura)

«No creo en la obra causal por muy buen éxito que pueda obtener. Estamos aquí para realizar una obra exigida por nuestras más profundas esencias y experiencias. El hecho de que no podamos llegar a realizarla no impide que la "veamos" desde lejos. Por eso la programación de mi obra novelística es para mí cuestión de ética pro-

35

fesional o, mejor, vocacional. Digo, esto quiero hacer
esto necesito hacer. Y en lo que dependa de mí lo haré.»

Entrevista con R. Vázquez Zamora (sin fecha).

«La literatura siempre está en decadencia. Ése es su
misterioso estar. En cuanto una cabeza anacrónica diag-
nostica sobre la literatura coetánea decide la decadencia.
Así, se suceden las etapas, las modas, los escritores.»

Baleares, 21 enero 1968.

«Una de las fuerzas de la literatura es su delicadeza.»

Tiempo Nuevo, 2 marzo 1967.

«¿El estilo? Un anhelo de precisión verbal.
....
Me atengo a la economía verbal, asedio la exactitud
y deseo la expresividad. Fundamentalmente lo que me
interesa del idioma es su expresividad. También su exactitud. Pero sacrificaría la exactitud a la expresividad.»

Conversación con Rosendo Roig.

«—¿Cómo ve la novela actual?
—Es difícil, muy difícil resumir en pocas palabras la
novela de nuestros días. De todas formas, abogo porque
se salga del estrecho escolasticismo actual. La novela,
creo yo, es la búsqueda de uno mismo y la actitud hacia
el mundo circundante.»

Última entrevista. *Tele-radio,* 23 noviembre 1969.

«—¿En qué consiste la libertad del escritor?
—Fundamentalmente es un asunto psicosomático. He-

mos estado escribiendo con autocensura. A estas alturas
la libertad sería para mí una tremenda experiencia: tener un lugar en el sol. No sé lo que haría teniéndola; lo
que sí quiero es tenerla porque pienso que la libertad
es el estado natural del escritor.»

SP, 5 junio 1968.

«—¿Ha tenido usted en sus novelas la suficiente libertad para expresarse?
—No. He tenido, como todos los escritores, el problema de mi propia autocensura, ya que escribimos pensando en que la obra sea publicable.»

ND, 16 febrero 1968.

«No me he sentido jamás libre para expresarme y me
siento coartado con la idea de la censura.»

Índice, octubre 1968.

¿Escritor social?

«Me acuerdo de haber leído en un prólogo de O'Fla-
herty a un libro de Green, *De la mina al cementerio,* que
él "no tenía la culpa de que su mundo circundante fuera
negro y feo y que él escribía de lo que tenía cerca y le
hería". Añadiendo: "Pido a mis críticos que construyan
un mundo de color de rosa y yo automáticamente me te-
ñiré de rosa." En estas dos frases se encierra la grandeza
y servidumbre de la literatura social. Esa literatura grita-
da termina su función social en cuanto acaba el problema
del "mundo circundante feo y negro"; probablemente pasa a ser historia literaria, acaso con letra minúscula perdida entre los paréntesis de los textos de los escolares
futuros. Pero la literatura rosa cuando el mundo circundante "es negro y feo" impide la conciencia de la reali-

dad y supone una traición a la colectividad, aunque gran parte de esta colectividad la tome por buena y guste de ella.»

(Conferencia en la Escuela de Arquitectura).

«—¿Eres escritor social?
—Sí. Es la base fundamental de mis obras, pero pretendo que tengan también calidad literaria, hálito poético y expresivo adobo.
—¿Contra qué escribirías?
—Contra la injusticia. Contra lo que escribo. Pero mi temática es más amplia: la brevedad de la existencia, la humanidad, la medida del hombre frente a la naturaleza.»

SP, 5 junio 1968.

«Soy un escritor al que puede incluirse con pocas dudas en el realismo o en lo que damos como valor común al término. Supongo que soy un escritor social porque tengo preocupaciones de carácter social y aunque no las tuviera también lo sería porque toda la literatura es social. Pero si usted me pregunta cuál es la misión del escritor social —subrayado y entrecomillado— tendré que responder que al parecer no es una sola misión sino muchas: desde el testimonio a la protesta... Se ataca, se desprecia por parte de unos cuantos la novela realista y su coletilla social. Los pretextos son muchos. El más ingenuo de todos el querer estar a la par de las literaturas europeas. Nuestra literatura estará a la par, cuando todo el país esté a la par.»

Índice, octubre 1968.

«El escritor que intenta mejorar la sociedad en la que vive, que intenta colaborar en la medida de sus fuerzas para que esta sociedad se desperece de su siesta permanente y eche a andar hacia delante se encontrará con que lo que hace no es grato o es molesto y a veces profundamente ofensivo. La sociedad tiene para corregir esta literatura una organización represiva. Esta organización crea dos problemas por lo menos. El primero en sí, puesto que su fuerza la hace capaz para disminuir o eliminar todo aquello que no esté enquiciado en los supuestos sobre los que se asienta. El segundo por sí, porque el sólo hecho de su existencia obliga al escritor a una gimnasia verbal que disimule cuando no oculte totalmente o suprima, todo lo que por temor a la organización represiva se le hace sospechoso. Es el eterno juego de la censura que implica inmediatamente una autocensura. Mas la sociedad queda todavía aguardando al escritor que puede ser rechazado por los mismos motivos que la autocensura lima y la censura tacha, en el caso de que su literatura pase esos dos filtros. Creo que es de todos conocida la zafiedad intelectual que distingue muchos de los juicios censorios del órgano, que yo considero más que depurador como pretende, represivo.»

Conferencia en la Escuela de Arquitectura.

Cuento o novela

«—¿Cuál es la diferencia esencial entre novela y cuento?

—Una de ellas el "tempo". No me refiero al tempo rectilíneo, con la sencillez de lo biográfico. Quiero decir "el tempo", el "tempo" de orquesta.»

El Español, 20 mayo 1955.

«—El cuento es un género literario muy específico. Bastante más que la novela, donde caben muy varios modos de entenderla.

—Tú ¿qué te sientes, cuentista o novelista?

—En mí son como raíles de un mismo camino.»

Pueblo, 6 octubre 1956.

«La ordenación proporcional de que el soneto es al poema lo que el cuento a la novela tiene tanto de acierto como de picardía, ya que solamente en lo superficial y aparente se basa. El orden interno del soneto lo es "per se", aunque esté acompañado de un efecto final y aun añadiríamos que cada verso es un efecto, aunque dependiente del total. Y si el soneto es una manera poemática no es el cuento una forma novelesca, ni ello es su pretensión, porque el cuento vive, alienta, se mueve y muere por una fisiología distinta.»

Citado por J. García Nieto, en Noticias médicas, 26 mayo 1973.

«—¿Crees en la transición de un género a otro?
—Pienso que no son pasos, sino cosas distintas. Poco tiene que aprender el novelista en un cuento y nada el cuentista en la novela. Es más, todavía considero más difícil el relato corto. Así lo pregona la historia literaria; hay menos buenos cuentistas que novelistas.»

Pueblo, 5 octubre 1957.

«El cuento y la novela son, entre otras cosas, y para mí, un juego de ritmos, de ritmos distintos, naturalmente.»

Informaciones, 3 abril 1969.

«—¿Por qué parece que prefieres el cuento a la novela?
—No prefiero el cuento a la novela. Los dos géneros me atraen. Unas veces me empleo en el relato corto y otras hago novelas. No advierto desequilibrio alguno entre mi labor como narrador corto y lo que he hecho como novelista. Puede suceder que yo sea un escritor lento, perezoso, pero soy el mismo escritor, creo que con algún rigor.»

Valencia, 10 noviembre 1968.

40

«—¿Hasta qué punto la técnica del relato corto le ayudó en su posterior carrera novelística?

—Bien, creo que existe un equívoco. Para ser novelista no es necesario como para ser torero comenzar toreando becerros, luego erales, más tarde novillos y por fin toros. El cuento y la novela son del mismo género, pero de distinta especie. Un gran narrador de relatos cortos puede ser un mediocre novelista y viceversa. El cuento tiene ritmos y urdimbre muy especiales, lo mismo que la novela. De aquí que el cuento no sea un paso hacia más grandes empresas, sino una gran empresa en sí.»

Radio Nacional, tercer programa, 27 octubre 1968.

Ignacio Aldecoa y la crítica

«Lo que nos regala pues, Ignacio Aldecoa, son fragmentos de vida y de palabras, trozos de una historia que casi no lo parece —de la que Unamuno llamaba intrahistoria—, de la que él acecha y presencia pausas de vida de este tiempo nuestro ya medio muerto o malherido, abocado a la afasia. Intrahistoria compuesta por pequeñas historias que emiten bocas y rostros que Aldecoa ha conocido y ha visto gesticular mientras miraban, como buscando espejos, a otros rostros distraídos que escuchaban sólo a medias o no escuchaban en absoluto. Pero Aldecoa sí escuchaba, por eso estaba allí, para dejar constancia de la escena trivial e irrepetible, para trascenderla.»

CARMEN MARTÍN GAITE, *Norte de Castilla*, 10 mayo 1973.

«Tallados en diamante están estos cuentos que en su conjunto nos parecen testimonio de una época, creaciones entre lo más sólido de ella, arte inefable, donde con las palabras precisas se pinta, se evoca, se hace vivir un mundo entero.»

Antonio Tovar, *Gaceta Ilustrada*, 6 mayo 1973.

«Los relatos de Ignacio Aldecoa constituyen un balance irreemplazable de la vida española en su posguerra civil última: nuestro presente. Que se va como el agua y del que Aldecoa salvó, cuando presente era y cuando él presente estaba, todos los rasgos que su retina, entregada a la contemplación como registro de la realidad, quiso y pudo captar.»

LUIS IZQUIERDO, *El Ciervo*, Barcelona, junio 1973.

«Ahora nos damos cuenta de lo comprometida que era la pluma de Ignacio Aldecoa cuando nos podía parecer que se iba por las ramas. Esta es su obra de cuentista, el testimonio de una España zaragatera y triste. Es una España rural, pueblerina. Es una España parda que se desmorona como el terrón en la tierra de Castilla. Pero es una España real cuya sombra fría es en el recuerdo como un látigo sobre nuestra alma.»

EMILIO SALCEDO, *El Norte de Castilla*, 20 agosto 1968.

«Su actitud es la de un insobornable respeto hacia ese mundo que le rodea: la España de hoy. Esa España que la lectura de sus novelas y de sus relatos presenta ante el lector con mayor autenticidad y capacidad de emoción que cualquier documento.»

RAFAEL CONTE, *Informaciones*, 29 agosto 1968.

«Es un panorama proletario, hecho de segadores y braceros, de ferroviarios y oficinistas, de ancianos infantiles que se van y niños que ya envejecidos no parecen ir a parte alguna. Refleja, en fin, el desahucio general de la alegría que, si bien se mira, constituye uno de los aspectos obvios de España y una de las razones de que sea diferente.»

LUIS IZQUIERDO, *Destino*, 7 noviembre 1968.

«"No hay instante sin drama" pudiera ser el lema, la definición o la cartela de estas ásperas y magníficas, narraciones de Aldecoa, ásperas por su doliente contenido y ciertamente magníficas por su magistral escritura.»

LEOPOLDO PANERO, *Blanco y Negro*, 8 agosto 1959.

«Aldecoa nos presenta personajes amargos —no siempre amargados— apresados en el engranaje social, sin posibilidades de evasión. Se dejan conducir por una especie de fatalismo, pero con la mirada puesta en un punto que brilla a lo lejos, el rescoldo de una ilusión, hacia el que caminan a tientas.»

MANUEL G. CEREZALES, *Informaciones*, 30 junio 1961.

«El trabajo es el gran tema-tronco que determina y desvela todos los otros, pero, a través de una dura realidad social.

... ...

Al seleccionar los oficios, Aldecoa tiene en cuenta la situación social de la posguerra española: la miseria extrema del mundo rural, aumentada por la sequía, la aceleración del éxodo rural, la proliferación de pequeños burgueses, así como, paralelamente, la constitución de una nueva clase de burgueses que se ha beneficiado de la guerra.»

BRIGITTE LEGNER, *Les contes d'Ignacio Aldecoa* (Memoria, París).

«La novedad que aporta Aldecoa a la literatura española consiste en descubrir la excepcionalidad dentro del vivir cotidiano, la épica en la aparente vulgaridad, las terribles crisis, los valores eternos del hombre en la sociedad que le es más inmediata, pero menos observada. Para ello tiene un material inagotable: los oficios, las ocupaciones monótonas e ineludibles de cada ente humano en el esfuerzo por la supervivencia y la dignidad y felicidad en ella.»

HIPÓLITO ESTEBAN SOLER (Tesis doctoral, página 116).

«Aldecoa, por razones obvias, *se tiene* que limitar a "anunciar", a "orientar" a "sugerir" sin jamás poder penetrar clara y honradamente —como sin duda alguna quisiera y es capaz de hacerlo—, en el mundo de las taras, de los vicios, de la dramática condición del hombre alienado, sin libertad.»

XAVIER DOMINGO, París, mayo 1962.

«Ni en la generación anterior, con un par de salvedades, ni en la del propio Aldecoa, existen escritores que hayan sabido cumplir con su obligación de "reveladores" de nuestra realidad española como en otros países sus respectivos escritores han hecho con la realidad nacional en cada caso. Así, pues, Ignacio Aldecoa se presenta al público español en este año de 1955, casi como el único representante de un tipo de literatura cuya mejor calificación me parece la de "social", y en la que confluyen las esperanzas que sobre el porvenir de nuestros escritores tenemos y una auténtica necesidad de la vida nacional de nuestros días.»

JOSÉ MARÍA CASTELLET, *Destino*, 1955.

«Y este conflicto (el conflicto de ser hombre hoy), es el tema central de toda la obra de Aldecoa, tratado unas veces con piedad, otras con ternura, con ironía, con rabia o con melancolía, pero nunca con indiferencia. La capa-

45

cidad de comprender al hombre, de simpatizar con su grandeza y con su pequeñez es una cualidad que destaca en toda la obra de Aldecoa y la hace imperecedera. Como dice Ana María Matute en su prólogo a un libro de relatos de Aldecoa, publicado poco después de su muerte, "a través de los días y los años, en alguna parte habrá un hombre que, leyéndole, sienta dignificada su soledad o su miseria".»

ALICIA BLEIBERG, Prólogo a los *Cuentos Completos de I. A.*, Alianza Editorial.

Lenguaje, estilo

«La "realidad realista", valga la redundancia, a que Ignacio Aldecoa nos asoma, queda siempre absorbida por la realidad poética a cuya inspiración tanto contribuye el lenguaje del autor, impregnado de un muy penetrante lirismo, suave y fuerte a la vez, por uno de esos secretos del estilo en que consiste la maestría.»

MELCHOR FERNÁNDEZ ALMAGRO, ABC, 1959.

«Un cuento suyo produce la sensación de ser algo acabado, perfectamente construido, y en el que se han vertido todas las posibilidades dramáticas o irónicas. Así ha llegado a tal perfección que cualquier asunto por nimio que parezca toma bajo su pluma proporciones insospechadas, mostrando valores que, ante otros ojos, hubieran pasado desapercibidas.»

JOSÉ R. MARRA LÓPEZ, *Ínsula,* núm. 156.

«Las cosas con sus nombres respectivos aparecen puntualmente descubiertas por un ojo atento y una sensibilidad abierta al habla natural de las gentes.»

LUIS IZQUIERDO, *Destino,* 7 septiembre 1968.

«Qué gozo produce, qué satisfacción casi sensual encontrarse con un autor que acomete los temas más diversos y no vacila en nombrar a todas las cosas y seres, ya sean hombres, animales de tierra, de aire o de agua, vegetales, por sus propios nombres, tan expresivos, tan sabrosos, tan suaves.»

José Domingo, *Ínsula,* febrero 1969.

«Sus cuentos, como los de los maestros naturalistas, no tienen nada de maravilloso, pero lo maravilloso es la atmósfera en que viven sus personajes, tan real y transparente, por donde viajan de día o de noche, con sol o con lluvia, en silencio o entre el chapoteo de las conversaciones vulgares del bar.»

Antonio Tovar, *Gaceta Ilustrada,*
6 octubre 1968.

«Aldecoa es un cuentista de primer orden, dentro de la narrativa española. Concisión, trazo esencial del personaje, naturalidad en el ejercicio de la acción, estilo recio, con brillos estéticos, pero sin llegar a la verbena verbal, son características de su prosa cuentística.»

José Ramón Medina, *El Nacional,* Caracas.

«Su lenguaje sencillo, como sus criaturas y como sus historias, tiene la precisión, la exactitud y el rigor del lenguaje filosófico para expresar lo inexpresable y comunicar lo incomunicable sin necesidad de utilizar otros recursos verbales que los que utiliza el pueblo espontáneamente todos los días.»

Pedro Sánchez Paredes, *Jano,* 27 julio 1973.

«La poesía, desnuda y cándida, como la deseaba nuestro Juan Ramón, está en la sintaxis, en las imaginaciones y metáforas, en los adjetivos muy mirados y certeros que utiliza Ignacio Aldecoa. Está en su estilo y en su vocabulario de la mejor ley.»

FEDERICO CARLOS SAINZ DE ROBLES, *Panorama literario*, 1956.

«Estimamos que Aldecoa, escritor de una pieza, era novelista y cuentista por separado y mucho más maduro y redondo en la narración breve, en la que hallaba materia más apta para expresar su proceso de depuración del realismo desde el estilo.»

ANTONIO VALENCIA, *Arriba*, 1 abril 1973.

«Un regusto por la palabra que no frena sino que acendra el relato, resalta en estas narraciones de Ignacio Aldecoa.»

RAMÓN DE GARCIASOL, *Ínsula*, núm. 115.

«Una página de Aldecoa es imposible de confundir con la de cualquier otro escritor contemporáneo, cosa por otra parte rara en estos tiempos. Nadie como él sabe utilizar tan sabia, tan magistralmente el lenguaje para extraer toda la veta de poesía, tierna y dolorosa, amarga y grisácea que la realidad nos depara.»

JOSÉ R. MARRA LÓPEZ, *Ínsula*, núm. 156.

«El estilo literario de Aldecoa se caracteriza por su precisión y por su rigor. También por su manera objetiva de presentarnos los hechos y los tipos. Ahora bien, esas secas palabras —precisión, rigor, objetivo— no indican, en su caso, esquematismo ni ausencia de calidades amables. Pocos escritores como él, entre los jóvenes, de tan denso

mpastado literario, de tanto poder de plasticidad poéti-
a, de tanto sentido estético.»

PABLO CORBALÁN, *Informaciones*,
16 febrero 1960.

«Porque lo increíble, lo impresionante, es esa constante,
esa inalterable madurez, esa capacidad de obra bien hecha, de producto acabado y perfecto que tienen los rela-
os de Aldecoa, desde los más antiguos.»

MANUEL GARCÍA VIÑÓ, *Ignacio Aldecoa*,
Madrid, Epesa, 1972.

«Entre los escritores de su tiempo —de la posguerra— Aldecoa ha sido el gran prosista, el que ha insta-
ado la lengua en su ritmo con el menor esfuerzo apa-
ente, la propiedad más repristinada, el predomino más
ico del elemento sustantivo...

....
Bastaría uno solo de estos cuentos para que Ignacio
Aldecoa tuviera una página con nota de principado en la
antología de la prosa española y de la imaginación literaria.»

DIONISIO RIDRUEJO, *Destino*, abril 1973.

Bibliografía

OBRAS DE IGNACIO ALDECOA

POESÍA

Todavía la vida, Madrid, Talleres Gráficos Argos, 1947.
El libro de las algas, Madrid, Gredos, 1949.

NOVELA

El fulgor y la sangre, Barcelona, Planeta, 1954.
Con el viento solano, Barcelona, Planeta, 1956.
Gran Sol, Barcelona, Noguer, 1957.
Parte de una historia, Barcelona, Noguer, 1967.

RELATOS

Espera de tercera clase, Madrid, ed. Puerta del Sol, 1955.
Vísperas del silencio, Madrid, Taurus, 1955.
El corazón y otros frutos amargos, Madrid, Arión, 1959.
Caballo de pica, Madrid, Taurus, 1961.
Arqueología, Barcelona, Ed. Rocas. Col. Leopoldo Alas, 1961.
Neutral Corner, Barcelona, Lumen, 1962.
Pájaros y espantapájaros, Madrid, Bullón. Col. Generaciones Juntas, 1963.
Los pájaros de Baden-Baden, Madrid, Cid, 1965.
Santa Olaja de Acero y otras historias, Madrid, Alianza, 1968.
La tierra de nadie y otros relatos, Barcelona, Salvat RTV., 1970.
Cuentos Completos, I y II, Madrid, Alianza, 1973.
Cuentos, Madrid, Magisterio Español, NyC, 1976.

Cuaderno de godo, Madrid, Arión, 1961.
El país vasco, Barcelona, Noguer, col. Andar y Ver, 1962.

Traducciones

Alemán, inglés, italiano, japonés, sueco, checo, polaco y rumano

BIBLIOGRAFÍA SOBRE IGNACIO ALDECOA

Obras generales

Alborg, Juan Luis, *Hora actual de la novela española,* Madrid
    Taurus, 1958.
Anderson Imbert, Enrique, *El cuento español,* Buenos Aires
    Columba, 1959.
Aub, Max, *Manual de literatura española* (vol. II), México, Fo
    maca, 1966.
Bousoño, Carlos, «Novela española de la posguerra», *Revista Na
    cional de cultura,* Caracas, 1957.
Brandenberg, Erna, *Estudio sobre el cuento español contempo
    ráneo,* Editora Nacional, Madrid, 1973.
Fernández-Braso, Miguel, *De escritor a escritor,* Madrid, Ta
    ber, 1970.
García Viñó, Manuel, *Novela española de posguerra,* Madrid, Pu
    blicaciones españolas, 1971.
Gullón, Ricardo y Schade, George, D., *Literatura español*
    contemporánea, Nueva York, Scribner's Sons, 1965.
Iglesias Laguna, Antonio, *30 años de novela española, 1938
    1968,* Madrid, Prensa Española, 1969.
Nora, Eugenio de, *La novela española contemporánea,* Madrid
    Gredos (2.ª ed.), 1970.
Navales, Ana María, *Cuatro novelistas españoles,* Madrid, Fun
    damentos, 1974.
Palomo, Pilar, «La novela española en lengua castellana», e
    Historia General de las Literaturas Hispánicas, Barcelona, Ve
    gara, 1968.
Pérez Minix, Domingo, *Entrada y salida de viajeros,* Santa Cru
    de Tenerife, Nuestro Arte, 1969.
Sobejano, Gonzalo, *Novela española de nuestro tiempo,* Madri
    Prensa Española (2.ª ed.), 1970.

ABBOT, James H., «Review of Santa Olaja de Acero», *Books Abroad*, XLIII, 1969.

ARCE ROBLEDO, Carlos, «Ignacio Aldecoa», *Virtud y Letras*, Bogotá, 1958.

BUTLER, C. W., «Ignacio Aldecoa: Santa Olaja de Acero», *Hispania*, 52, 1969.

GARCÍA PAVÓN, Francisco, «Ignacio Aldecoa, novelista, cuentista», *Índice*, XII, 146, 1961.

GARCÍA VIÑÓ, Manuel, *Ignacio Aldecoa*, Madrid, Epesa, 1972.

GOICOECHEA, María Jesús, «Bibliografía crítica de Ignacio Aldecoa», *Boletín Sancho el Sabio*, Vitoria, 1973.

GONZÁLEZ LÓPEZ, Emilio, «Las novelas de Ignacio Aldecoa», *Revista Hispánica Moderna*, XXVI, 1960.

MARCO, Joaquín, «Ignacio Aldecoa y la novela ambiente», *Ejercicios literarios*, Barcelona, Taber, 1969.

MARTÍNEZ DE LA ROSA, Julio, «Notas para un estudio sobre Ignacio Aldecoa», *Cuadernos Hispanoamericanos*, Madrid, enero 1970.

RODRÍGUEZ ALMODÓVAR, Antonio, *Notas sobre estructuralismo y novela. Teoría y práctica en torno a «Gran Sol»*, Universidad de Sevilla, 1973.

SENABRE, Ricardo, «La obra narrativa de Ignacio Aldecoa», *Papeles de Son Armadans*, Madrid-Palma de Mallorca, enero 1970.

CUENTOS

El trabajo

Entre el cielo y el mar [1]

Era la tercera vez en la mañana. Los niños volvieron a acercarse. El ruido de la mar se confundía con el unánime grito de los que hablaban. Unos segundos de silencio y la monótona repetición como un gruñido o como un estertor: «aaa-ú». La red iba saliendo lentamente a la áspera playa. Su dulce color de otoño, roto por la lucecilla plateada de un pescado muy chico o por el verde triste de un alga prendida en sus mallas, dividía la oscura desolación de grava menuda; cerca cabeceaba la barca vacía.

Los niños pisaban la red. Pedro había asumido la labor de espantarlos. Decía una palabrota y hacía que corrieran apenas unos metros para pararse en seguida y volver confianzudamente a poco. Pedro tenía entre los labios el chicote de un cigarrillo y les miraba superior y hostil, porque era casi un hombre y trabajaba.

En el copo había un parpadeo agónico y blanco de pescado y se movía la parda masa de un pulpo con algo indefinible de víscera o de sexo. Un último esfuerzo. Los pescadores se inclinaron más; luego se irguieron en silencio y contemplaron el mar.

La tercera vez en la mañana. El señor Venancio, el de la nostalgia de los tiempos buenos de la costera, dio una patada al pulpo, que retorció los tentáculos, y, al fin,

---

[1] Publicado por primera vez en la revista *Ateneo*, enero 1955, con el título *Pedro Sánchez entre el cielo y el mar*.

medio dado la vuelta, los extendió tensamente, abriéndose como una rara flor.

—Si llegamos a una peseta por cabeza, vamos bien —comentó.

Los demás siguieron en silencio. Habían oído y habían olvidado. Estaban acostumbrados, aunque no resignados, como creían otras gentes del pueblo. De pronto, uno de ellos comenzó a cantar en el vaivén de la ira y el ridículo. Pedro se aproximó al pulpo y principió a jugar cruelmente con él.

—Déjalo ya —dijo el señor Venancio.

Pedro sintió algo como vergüenza que le ascendió hasta los ojos y le hizo humillar y distraer la mirada en un pececillo que cogió entre los dedos. No, no le debía de haber dicho aquello el señor Venancio delante de los chiquillos, que le miraban envidiosos. Pedro era pescador, y sabía que tenía su parte en el pulpo y un indudable derecho a jugar con él o a darle una patada como el señor Venancio. No tuvo tiempo de pensarlo mucho.

—Dale la vuelta a la moña, Pedro, y échalo en el cesto.

Los chiquillos contemplaron admirados el trabajo de Pedro en cuclillas sobre el animal.

—Cabrón —dijo Pedro, y luego se levantó con el pulpo fláccido, pendiente de sus dedos índice y medio de la mano derecha, los tentáculos colgantes formando una masa inerte, salvo en sus delgadísimos extremos, que todavía se retorcían.

El señor Venancio hablaba con los compañeros:

—Yo hubiera tirado el lance hacia el puntal; puede que allí hubiéramos sacado algo más. Como siga esto así, vamos a comer piedras. Tres veces en una mañana, y ni siquiera para comprar pan...

Pedro fingía interesarse en la conversación de los mayores sobre el jornal, porque para eso era pescador; pero sabía que no le importaba demasiado. Llegaría a su casa y tendría algo que comer. Para llevar de comer estaba el padre y no él. Acaso un trozo de pan y un rebujón de pescado frito, pero ya era bastante. Desde pequeño —contemplaba su infancia sin haber salido de ella como algo muy distante— había comido poco, a veces nada, mas siempre había tenido el derecho a llorar, a protestar por la escasez. El que no lloraba ni protestaba era su padre, que lo miraba todo con unos ojos muy pequeños, como queriendo llorar y protestar con odio.

—Pedro, lleva el cesto a la vieja y que se dé prisa en vender todo ese lastre.

Pedro se bajó los pantalones largos de color de arcilla, recogidos a medio muslo.

—¿A la tarde afanamos? —preguntó.

—Se verá. Hay que contar con la mar. Te avisará, al pasar, Luciano.

Los pescadores extendían la red sobre la playa. Algunos niños se divertían cogiendo pececillos minúsculos enmallados; otros iban detrás de Pedro tocando el pulpo temerosamente. Pedro se volvía hacia ellos:

—Largo muchachos; ¿es que nunca habéis visto un pulpo?

Les lanzaba arena con los pies.

—Largo, largo, largo...

Dijo una frase obscena...

Llegó donde la vieja. La vieja estaba sentada en el escalón del umbral de la casa. Miraba distraída.

—Nada, ¿verdad? —dijo.

—Poco; se dio mal toda la mañana —contestó Pedro.

—Bueno, deja eso ahí; ahora saldré a ver lo que dan. Venancio quiere muchas cosas. Ya te puedes ir; aquí no pintas nada.

La vieja tenía un genio malo. Solía beber. Bebía aguardiente, a veces con agua, a veces con pan, mojando en la copa migas que amasaba entre los dedos y arrancaba de un corrusco guardado en uno de los profundos bolsillos de su delantal. Pedro no se había marchado todavía.

—Que ya te puedes ir —repitió la vieja.

Pedro caminó hacia su casa. Iba pensando en el mar. Le gustaría ser pescador de mar, dejar de pescar desde la playa. Le gustaría salir con la traíña [2] y estar encargado en

---

[2] Traíña: Trainera.

ella de los faroles de petróleo. Y, sobre todo, hablar del viento de Levante. Decir al llegar a casa, con la superioridad del trabajador de mar: «Como siga esto así, vamos a comer piedras. El levante nos ha llenado la traíña tres veces de mar. Si no llega a ser por el señor Feliciano, nos vamos a fondo.» Y decir esto mirando a sus padres alternativamente. Ver los ojos del padre casi tristes, casi alegres; y los de la madre, temerosos; y contar a los hermanos cómo una morena le tiró un muerdo y él le dio con el cuchillo de partir el cebo en la cabecilla de bicha, y la tuvo a sus pies retorciéndose más de dos horas.

Le llamaban los amigos que estaban jugando con cajas de cerillas.

—¿Juegas, Sánchez?

Estaban en corro sobre el sucio principio de la playa.

—Ahora no; voy a casa. Esta tarde tenemos faena.

Y una voz:

—Los de la *Tres Hermanos* han venido hasta arriba de pesca. Nadie sabe cómo se las han arreglado. Es el señor Feliciano, que tiene ojo de gato para esas cosas.

Pescar en la traíña del señor Feliciano era el deseo de todos los muchachos de la playa. Pero el señor Feliciano no llevaba muchachos en su embarcación, porque pensaba que estaría mal que un niño ganase por ir con él más que su padre, que pescaba de playa o que estaba en otra lancha con poca fortuna.

Al pasar junto a la taberna de Sixto, se asomó.

—Hola, padre.

El padre de Pedro y el señor Feliciano estaban celebrando la pesca. Se había vendido bien en Vélez[3].

—¡De modo que tú ya andas en la labor! Bueno, hombre, bueno —dijo el señor Feliciano.

—Aprendiendo —aclaró el padre.

Pedro miraba fijamente al señor Feliciano.

—¿Quieres una copa? ¿Qué tomas?

—Un pintao[4] —respondió Pedro.

---

[3] Vélez: Vélez-Málaga, ciudad de la provincia de Málaga.
[4] Pintao: Bebida, mezcla de moscatel y vino blanco.

—Pon al chico un pintao —gritó el señor Feliciano—. ¿Qué tal se dio hoy? Venancio sabe mucho; hay que lar-, gar donde él diga. Él sabe mucho de eso. Claro que las playas andan mal de pesca... Vete haciendo ojo. El año que viene, que Paco se marcha al servicio... Bueno, ya hablaré con tu padre; ya se lo diré a él cuando sea.

Dejaron de hacerle caso y siguieron hablando de toreros, a los que no habían visto nunca torear. Pedro se bebió un vaso y dijo adiós. Al salir, el padre le llamó:

—Dile a tu madre que ya voy para allá.

Pedro movió la barbilla y cerró los ojos, asintiendo.

La madre de Pedro estaba sentada en el escalón del umbral de la puerta. Cosía algo. Preguntó:

—¿Qué tal se os dio?

—Mal, madre.

—Traes hambre. Anda, pasa. Encima de la hornilla hay pescado. Ojo, que hay que repartirlo. ¿Has visto a tu padre?

No daba lugar a las contestaciones; hablaba rápida, andaluzamente.

—Estará tomándose sus copas. Lo mismo da sacar buen jornal que malo. Hoy de juerga, mañana de queja. Así va todo.

—Hoy han tenido suerte —comentó Pedro—; el señor Feliciano tiene ojo de gato para la pesca.

—El señor Feliciano no tiene familia que mantener como tu padre; se puede gastar lo que gane con quien le dé la gana.

—Puede que el año que viene... Paco se marcha al servicio. Ha dicho que hablará con padre. En casa de Sixto...

—Los hombres debían pensar más las cosas cuando se casan. Creerá que os voy a alimentar de aire.

—Cuando Paco se marche al servicio... Me ha dicho que vaya haciendo ojo...

—Vendrá cuando quiera, claro está, y supongo que bebido.

—Me ha invitado a un pintao. Aprecia al señor Venancio. Dice que hay que hacerle mucho caso en los lances, porque sabe mucho de eso... Lo que pasa es que las playas...

Pedro miraba a través de la puerta la playa y el mar. La madre dejó un momento la labor.

—Sin comer no se puede trabajar. Anda y come algo.

Pedro seguía mirando la playa y el mar.

—Aviva, que ya te quedará tiempo para trabajar durante toda la vida.

Pedro entró lentamente en la cocina. En el rescoldo de la hornilla había un plato de porcelana desportillado con un montón de pescado. Sobre los azulejos partidos, media hogaza de pan. Cortó un trozo y mascó sin ganas. La ventana de la cocina daba a una calle de polvo y suciedad, hecha entre dos filas de casas de una sola planta. Al sol del otoño dormitaba un perro. Las moscas se agolpaban en huellas de humedad. El vecindario vertía el agua sucia en la calle. Pedro apretó dos o tres pescados sobre el pan y salió a la puerta que daba sobre la playa. Mascaba, lenta, concienzudamente. Volvió la vista a la derecha y vio a su padre, que se acercaba. Dos de los hermanos pequeños de Pedro venían cogidos de sus manos. El padre sonreía. Llegó.

—Hola, María —hablaba lentamente—; hoy hemos salido bien. Tengo una buena noticia para ti, Pedro: Feliciano ha hablado con Venancio. Hoy te vas a venir con nosotros.

Pedro apretaba el pan y el pescado fuertemente. El padre continuó:

—De prueba. Te encargarás de las farolas; es sencillo. Ya te enseñaremos.

—Ya sé, padre.

—Bueno, te enseñaremos de nuevo, aunque digas que ya sabes.

El padre entró en la casa. Los hermanos de Pedro quedaron con la madre. La madre comenzó a hablar en voz baja, rabiosamente. Dijo por fin:

—A ver si ahora te haces un zángano como los otros, Pedro.

Pedro no la escuchaba. Entró en la cocina, donde el padre estaba comiendo.

—¿Qué ha dicho de mí, padre?

—Lo dicho, que te vienes esta noche con nosotros; que cree que te puede hacer un sitio. Ya puedes hacerlo bien...

—Pero no ha dicho nada más.

El padre dijo con extrañeza:

—¿Qué quieres que dijera, criatura? Ha dicho lo que ha dicho y es bastante.

Pedro volvió la vista.

—Podía haber dicho algo.

Pedro dejó la cocina.

Andaba ya por la playa. Iba mirando las embarcaciones varadas. Aspiraba el olor de la brea, el de las redes puestas a secar. Se acercó a la traíña *Tres Hermanos*. De vez en vez mordía el pan y el pescado. Dio una vuelta en torno a ella, pasando lentamente la mano vacía por sus costados. Terminó el pan y el pescado. Se tendió al sol. La lancha daba una breve sombra de mediodía pasado.

Pedro cerró los ojos. Los abrió. Las olas acababan suavemente en la playa. Cerró los ojos y escuchó como un gruñido o como un estertor: la mar.

1955.

La urraca cruza la carretera

A A. Buero Vallejo

Cuando le pasaron la bota, bebió. Estaba el sol alto dando unas sombras breves y profundas en la corta de la pedrera abandonada, húmedas e íntimas en las bases de los grandes árboles, a ambas orillas de la carretera. Estaba el sol alto, rompiendo contra el azul del cielo, hacia el sur, los perfiles de las colinas anaranjadas.

El vino le agrió la boca. Miró hacia las colinas de tierra carnosa y de brillos de cuarzo. Le dolían los ojos. Tenía la frente lloviznada de sudor, y bajo los párpados inferiores, una sensación de la mojadura salina. Fumaban ya los compañeros, y el humo de los cigarros se disolvía en el aire pausadamente, como el hielo en el agua.

Al palpar la bota, tras de hincharla soplando, tuvo la sensación de que tocaba un vientre vivo. Los compañeros se ocupaban, hablando de cosas vagas, en alisar con los pies calzados de alpargatas los relieves del cauce seco de la cuneta en que estaban sentados, en arrancar pajillas de las cercanías de las manos y mordisquearlas, en escupir sobre los montones de grava caliente.

Bebió de nuevo mirando sobre el hilo escarlata del viño, amenazada la mirada por la negra mancha de la bota, hacia el horizonte cegador.

Junto a los pies, cuando terminó de comer, dejó el saquito de desgastada tela, a cuadros rosas y blancos, con la tartera vacía, un sobrante de pan y un racimo de uvas de tinto a medio picar. De la caldera de la brea llegaba un aliento ardoroso. Tenía demasiada pereza para alejarse. Vio un lagarto, en un hito de grava, penduleando la cabeza. Sentía tanto cansancio, que no tuvo ánimo para arrojarle una piedra y poder ver el fogonazo verde de su desaparición. El perro de la brigadilla se había apartado de los hombres para descansar en el sombrajo de una zarza, y yacía despatarrado, con la barriga pegada al polvo, arrastrándose a veces, buscando un poco de frescura.

Lió su cigarrillo deleitándose en la morosidad de la operación. Encendió el gran mechero de ascua. Tomó candela. Se apoyó de espaldas contra el árbol y deslizó la boina sobre sus ojos. Pensó que del botijo le separaban cinco pasos, que no tenía ánimo de dar. Pensó que le agradaría meter la cabeza en un barreño de agua y sentir fresco en los ojos y en la nuca. Siguió fumando hasta que el rumor de un motor le hizo volver el rostro. Entonces contempló la llegada, hasta el trozo de la carretera en reparación, de un automóvil.

—Es extranjero —dijo en voz alta.

El hijo de Casimiro Huertas se puso en pie. Le colgaban del cuello los anteojos de chinar [5] piedra. Llevaba puestas las espinilleras de tablillas. Vestía camiseta azul y pantalones viejos, rotos y corcusidos, de color marrón y rayas blancas.

—No es extranjero —negó el hijo de Casimiro Huertas—. No son turistas, son gente rica, señor Antonio.

El automóvil pasó despacio por el trozo en reparación. Los obreros de la cuneta lo miraron con curiosidad.

—¡Vaya gachí! —dijo alguien.

El hijo de Casimiro Huertas mecánicamente apuntó una procacidad. El señor Antonio sonrió y estiró los pies calzados con abarcas de cubierta de neumático.

En las fiestas de Torrecilla —contó el hijo de Casimiro Huertas—, el agosto pasado, había unas extranjeras con

---

[5] Se refiere a los anteojos de rejilla de acero con que los picapedreros se cubren para evitar accidentes en los ojos.

máquinas de retratar y pantalones que revolvieron el pue-
lo. A una de ellas...

El señor Antonio cerró los ojos. El automóvil había
enetrado en la pereza de la hora, había roto el descanso
e los trabajadores.

—Eso es vivir —dijo Justo Moreno, el regador de
rea—. Estaría uno toda la vida de aquí para allá, con
se coche... Uno no tendría que pensar en los garbanzos.
Jno sabría echarle lo suyo...

La almádana [6] del hijo de Casimiro Huertas estaba apo-
ada contra un árbol. Justo Moreno tenía los pantalones
zulinos llenos de manchas de brea, negras, brillantes, co-
azudas, como escarabajos. Una invasión de insectos que
repaban por sus piernas hasta la cintura, disminuyendo
e tamaño.

—Uno —añadió una barbaridad—, uno —repitió— es
na porquería sin remedio. Está uno aquí peor que una
iedra para que esa gente...

El perro de la brigadilla se levantó con el rabo entre
is piernas y trotó hasta la cuneta. El señor Antonio se-
uía con los ojos cerrados. El hijo de Casimiro Huertas
iraba el confín de la carretera por donde había desapa-
ecido el automóvil, haciéndose un punto de color en la
istancia. Tres árboles adelante una chicharra cantaba
roduciendo un ruido como de limadura en hierro. El
ampo, segado, podía ser medido en su color por quila-
es. Veinticuatro en las cercanías de la carretera, dieciocho
iás lejos, catorce a dos carreras de liebre. Y en la lejanía
a no era oro, era latón de un pálido amarillo.

—Cálmate —dijo lentamente el señor Antonio a Justo
ioreno—, cálmate, hombre. A veces no se sabe por dón-
e viene el dinero; hay que esperar. Te puedo contar
asos...

—No es sólo eso, señor Antonio. El dinero de los de-
iás, cuando uno... No sé, no lo puedo explicar... Esta-
ios bien fastidiados para que todavía...

El hijo de Casimiro Huertas se echaba agua del botijo

---

[6] Almádana: almádena, marco de hierro para romper piedras.

por la cabeza, inclinado sobre la tierra, abierto el compá
de las piernas.

—Chaval, tira el agua, gasta lo que queda en el botij
y luego no vayas, no eches ni un viaje —dijo con rabi
el calderero Buenaventura Sánchez—. Los de la caldera
si tienen sed que se amuelen, mientras el señorito se h
refrescado y se ríe.

El hijo de Casimiro Huertas seguía vertiéndose agu
por la cabeza. El pelo moreno se le ensortijaba. En el sue
lo había una hermosa mancha de humedad.

—Es el agua que me corresponde, que me tenía qu
beber.

—El próximo viaje vas tú. No vamos a estar en l
caldera pasando sed para que tú te peines.

Buenaventura Sánchez había puesto demasiada fuerz
en sus palabras, se recostó en el ribazo y murmuró:

—Mira que tiene esto...

Casimiro Huertas leía un trozo de periódico sentado e
la caja de herramientas. Leyó en voz alta:

—*En una emboscada de los rebeldes argelinos...* Ésto
son como los moros. En el veintiuno las teníamos todo
los días. Los que estábamos en ingenieros las pasábamo
de aúpa. Tres hemos ido con cinco acémilas monte arri
ba. Menos mal que pude *enchufarme...* Amigo, la pellej
es lo que vale...

Faltaba un cuarto de hora para que se reanudase e
trabajo. Casimiro Huertas se pasó la mano por los labio
resecos.

—Chico —gritó—, acércame el botijo.

Buenaventura Sánchez, desde la desgana, volviéndos
boca abajo, mirando la tierra de la hormiga, de la hierb
seca y rala, de la araña rubia y el bichito que la madr
dice, que la abuela dice, que la tía soltera no se atreve
decir, que corta a los niños, si se les cuela, la noticia d
que han de ser soldados cuando sean mayores; Buenaven
tura Sánchez desde la contemplación franciscana dijo:

—No hay agua, el señorito se ha lavado.

Casimiro Huertas ordenó a su hijo:

—Ya sabes lo que hay que hacer, muchacho.

Luego, mientras el mozo se alejaba con el botijo e

68

busca del chorrillo de agua calina y desagradable de la cantera, Casimiro Huertas comenzó a contar penalidades en los blocaos[7] de Marruecos.

—... repartían un litro por barba; bueno, pues llegaron a dar medio cuartillo. Tomaban el agua a cucharadas como si fuera medicina...; a veces se acababa, y entonces...

El hijo de Casimiro Huertas llegó a la fuente. Había un musgo aterciopelado, gelatinoso al tacto, derramándose sobre la piedra del reguero. Procuró no herir el musgo con el botijo, temiendo ensuciar el agua. Esperó.

El señor Antonio tenía el cigarrillo apagado pendiente de los labios. El cigarrillo era como un poco de estiércol o como una costra destacando sobre el cuero del rostro.

—Allí quedó mi hermano Juan —dijo lentamente—; los moros lo achicharraron.

—Mucha gente, mucha... —comentó Casimiro Huertas.

Guardaron silencio.

El señor Antonio recogió de sus labios, con el índice y el pulgar redondeando la mano, el cigarrillo.

—Estaba pensando... —dijo.

Casimiro Huertas movió la barbilla hacia adelante, en la espera.

—Estaba pensando —repitió el señor Antonio— en el automóvil que ha pasado.

Casimiro Huertas se rascó las crecidas barbas canas. El señor Antonio miraba hacia las colinas.

—No hay derecho —dijo suavemente el señor Antonio—. Son cosas a las que no hay derecho. Tanto dinero es un pecado.

Justo Moreno hablaba con el resto de los compañeros. Buenaventura Sánchez se dormía en la hormiga, en la brizna de hierba, en la araña y en el bichito capador; Buenaventura Sánchez zanqueaba por un medio sueño de tierras de regadío, cultivando una huerta al atardecer, sesteando una huerta, bajo los frutales, después de comer. El agua hacía un rumor de enjambre por los canalillos.

---

[7] Blocao: Fortín de madera.

Casimiro Huertas se pasó el dedo índice derecho por e
perfil de la nariz. Estaba pensando.

—Como comer brea hirviendo —dijo—, o aún peor
Es que hay cosas... Uno no sabe decir, pero habría qu
decirlo... Ya me entiendes, Antonio, tú ya me entiendes

El señor Antonio movió afirmativamente la cabeza. E
hijo de Casimiro Huertas bajaba de la cantera balancean
do el botijo. Silbaba. Caminaba contento y distraído.

—Agua —gritó.

Buenaventura Sánchez se volvió sobre las espaldas.

—Venga para acá.

—Ahí va.

Buenaventura Sánchez lo intentó inútilmente. La grav
se humedeció y los cascos del botijo se esparcieron. Lleg
inesperadamente una avispa a la tormentosa sombra de
agua derramada. Casimiro Huertas comenzó a gritar. S
oía el runrún de un automóvil acercándose. Llegó y pasó
El señor Antonio lo vio alejarse; luego miró hacia la
cantera. Cuando una urraca parada en un espino alto le
vantó el vuelo y cruzó' la carretera el señor Antonio dijo

—Ya es hora.

La brigadilla abandonó las sombras de la cuneta por e
sol del trabajo.

La urraca andaba picando en medio del campo.

1956.

Seguir de pobres

Las ciudades de provincias se llenan en la primavera de carteles. Carteles en los que un segador sonriente, fuerte, bien nutrido, abraza un haz de espigas solares; a su vera, un niño de amuñecada cara nos mira con ojos serenos; a sus pies, una hucha de barro recibe por la recta abertura del ahorro —boca sin dientes, como de vieja, como de batracio— una espuerta de monedas doradas. Son los anuncios de las Cajas de Ahorro. Son anuncios para los labradores que tienen parejas de bueyes, vacas, maquinaria agrícola y un hijo estudiando en la Universidad o en el Seminario. Estos carteles tan alegres, tan de primavera, tan de felicidad conquistada, nada dicen a las cuadrillas de segadores que, como una tormenta de melancolía, cruzan las ciudades buscando el pan del trabajo por los caminos del país.

A principios de mayo el grillo sierra en lo verde el tallo de las mañanas; la lombriz enloquece buscando sus penúltimos agujeros de las noches; la cigüeña pasea los mediodías por las orillas fangosas del río haciendo melindres como una señorita. En los chopos altos se enredan vellones de nubes, y en el chaparral del monte bajo el agua estancada se encoge miedosa cuando las urracas van a beberla. La vida vuelve.

La cuadrilla de la siega pasa las puertas a hora temprana, anda por la carretera de los grandes camiones y los automóviles de lujo en fila, en silencio, en oración —terrible oración— de esperanza. Al llegar al puente del

71

río la abandonan por el camino de los pueblos del campo lontano. Se agrupan. Alguien canta. Alguien pasa la bota al compañero. Alguien reniega de una alpargata o de cualquier cosa pequeña e importante.

En la cuadrilla van hombres solos. Cinco hombres solos. Dos del noroeste, donde un celemín[8] de trigo es un tesoro. Otros dos de la parte húmeda de las Castillas. El quinto, de donde los hombres se muerden los dedos, lloran y es inútil.

Con pan y vino se anda camino cuando se está hecho a andarlo. Con pan, vino y un cinturón ancho de cueras de becerra ahogada o una faja de estambre viejo, bien apretados, no hay hambre que rasque en el estómago. Con mala manta hay buen cobijo, hasta que la coz de un aire, entre medias cálido, tuerce el cuello y balda los riñones. Cuando a un segador le da el aire pardo que mata el cereal y quema la hierba —aire que viene de lejos, lento y a rastras, mefítico[9] como el de las alcantarillas—, el segador se embadurna de miel donde le golpeó. Pero es pobre el remedio. Ha de estar tumbado en el pajar viendo a las arañas recorrer sus telas .Telas que de puro sutiles son impactos sobre el cristal de la nada.

Cinco hombres solos. Cinco que forman un puño de trabajo. Dos del noroeste: Zito Moraña y Amadeo, el buen Amadeo, al que le salen barbas en el dorso de las manos, que se afeita con una hoz. Dos de la Castilla verde: San Juan y Conejo. El quinto, sin pueblo, del *estaribel*[10] de Murcia por algo de cuando la guerra. El quinto, callado; cuando más, sí y no. El quinto, al que llaman desde que se les unió, sencillamente, «El Quinto», por un buen sentido nominador.

«El Quinto» les dijo en la cantina de la estación donde se lo tropezaron:

—Si van para el campo y no molesto voy con ustedes.

Zito Moraña le contestó:

—Puen venga.

[8] Celemín: Medida de capacidad en Castilla, que equivale a 5.625 mililitros.
[9] Mefítico: Perjudicial para quien lo respira.
[10] Estaribel: Cárcel.

72

«El Quinto» movió la cabeza, clavó los ojos en Mora-
ia, pasó la vista sobre Amadeo, que se rascaba las manos;
onsultó con la mirada a San Juan, que liaba un cigarrillo
arsimonioso sin que se le cayera una brizna de tabaco,
 por fin miró a Conejo, que algo se buscaba en los bol-
illos.

—Acabo de salir de la cárcel. ¿Qué dicen?

—¿Y usted? —respondió Zito.

—La guerra, y luego, mala conducta.

—¿Mala?

—De hombre, digo yo.

—Pues está dicho.

«El Quinto» pidió un cuartillo de vino tinto. La cita
ue para las cinco y media de la mañana en el depuertas[11]
e la carretera. Se separaron.

Ahora los cinco van agrupados por el camino largo de
os segadores. Zito conoce el terreno. Todos los años deja
u tierra para segar a jornal.

—Amadeo, de la revuelta esa nos salió el pasado una
iebre como un burro.

—Sí, hombre; pero no el pasado, sino otro año atrás.

—Fue lástima...

Y Zito y Amadeo hablan del antaño perdiéndose en de-
alles, mientras San Juan se suena una y otra vez la nariz
listraídamente, mientras Conejo se queja en un murmullo
e su alpargata rota, mientras «El Quinto» va mirando
os bordes del camino buscando no sabe qué.

Al mediodía les para un sombrajo. De la bota del po-
re se bebe poco y con mucha precaución. Al pan del
obre no se le dan mordiscos; hay que partirlo en trozos
on la navaja. El queso del pobre no se descorteza, se
aspa.

En el sombrajo descansan y fuman los cigarrillos de las
il muertes del fuego, de sus mil nacimientos en el en-
endedor tosco y seguro. Han dejado de hablar de las
osas de siempre, esas cosas que acaban como empiezan:

—La mujer habrá terminado de trabajar en el pañuelo

---

[11] Depuertas: Fielato.

73

de tierra que hemos arrendado tras de la casa. Los chavales estarán dándole vueltas al pucherillo.

Una larga pausa y la vuelta.

—Los chavales le estarán sacando brillo al puchero. La
mujer saldrá a trabajar el pañuelo de tierra que hemos
arrendado tras de la casa.

Dicen la mujer, los chavales, el que se fue de las ca-
lenturas, el que vino por San Juan de hará tres años. No
poseen con la brutal terquedad de los afortunados y hasta
parece que han olvidado en los rincones de la memoria
los posesivos débiles de la vida. Están libres.

Callan hasta que otro repita la historia con escasas va-
riantes. Callan hasta que se dan cuenta de que hay un
ser de silencio y de sombras con ellos, uno que ha dicho
sí y no y poca cosa más. Aquí está Zito Moraña para
preguntar, porque a un compañero hay que darle ocasión
sin molestarle, de un suspiro, de una lágrima, de una risa.
Un compañero puede estar necesitado de descanso y es
necesario saber, cuando cuente, el momento en que hay
que balancear la cabeza o agacharla hacia el suelo o le-
vantarla hacia el sol.

—¿Usted qué hará cuando acabe esto?

«El Quinto» encoge una pierna y duda.

—¿Yo?

—Nosotros volveremos para la tierra.

—Ya veré.

Y entre ellos, entre los cuatro y «El Quinto», el corazón de la comunidad naufraga. Zito tiene su orden. Se
pone en pie, consulta su sombra, levanta su hato y se lo
carga a la espalda.

—Bueno, andando. Para las cinco podemos estar en la
hocina [12]. Para las seis, en el teso del pueblo.

Por la ladera, hacia el río, vuela el ave que huele mal.
Conejo, de los bolsillos, saca una madera que talla con la
navaja.

—¿Qué haces? —le pregunta San Juan.

---

[12] Hocina: Hocino, terreno de las faldas de las montañas cerca
de un río.

74

—La torre de los condes, para que juegue el chico a la vuelta. La hago con silbo de pájaro.

Zito y Amadeo recuerdan el antaño. Y «El Quinto» mira el camino.

A las seis platea el río por medio del llano. En el pueblo, entre casa y casa, crece la tiniebla. Por los últimos alcores el cielo está morado. Los perros ladran al paso lento de los de la siega. Zito conoce a los que se asoman a las puertas a verlos llegar.

—Señor Ricardo, ¿se curó de los cólicos?

El campesino responde, cachazudo:

—Parece, parece.

La cuadrilla sigue adelante.

—Señora Rosario, ¿volvióle el santo a Patricio?

—Por ahí anda.

Zito hace un aparte a San Juan.

—Es que tiene un hijo que dio en manías el año pasado de una soleada en las fincas.

Hacen un alto en la plaza. El cuadrado de la plaza está quebrado por la irregularidad de las construcciones. En la mitad está el pilón;, en él juegan los niños. Al verlos a los cinco parados y ensimismados, los niños se les acercan a una distancia de respeto y prudencia. Los segadores, como los gitanos, pueden robar criaturitas para venderlas en otros pueblos.

Zito vocea a un campesino sentado en el umbral de su casa:

—¿Qué, Martín, hay paja para cinco hombres?

—Hay, pero no paja.

—Da igual. ¿A cuántos nos necesita usted?

—Con dos de vosotros me arreglo, porque tengo otros que llegaron ayer. Mañana temprano, a darle. El jornal, el de siempre.

—Ya aumentará usted una pesetilla.

—Están los tiempos malos, pero se ha de ver.

Precisamente están los tiempos malos. No se marcha la gente de su tierra porque estén buenos, ni porque la vida sea una delicia, ni porque los hijos tengan todo el pan que quieran. Zito arruga la frente y medita.

—Tú, San Juan, y tú, Conejo, podéis quedaros con él. Mañana arreglaremos nosotros.

Dando la vuelta a la iglesia, a la que está pegada la casa, se abre un amplio portegado[13]. El portegado está entre una era y un estercolero, que en las madrugadas tiene flotando un vaho de pantano y que está en perpetuo otoño de colores. Del portegado se sube al pajar. Las maderas brillan pulimentadas. Sólo hay un poco de paja en un rincón. Los trillos, apoyados sobre la pared, con los pedernales amenazantes, parecen fauces de perros guardianes.

—Dejad ahí los hatos. Vamos a ver si nos dan algo en la cocina.

En la cocina les dan un trozo de tocino a cada uno, pan y vino. La mujer de Martín les contempla desde una silla.

—Tú, Zito, alegra el ánimo con la comida. Canta algo, hombre, de por tu tierra.

—No estoy de buen año, señora.

—Canta, Zito —dice Martín, que está apoyado en la puerta.

—Tengo la garganta con nudos.

—Cuanto más viejo, más tuno, Zito.

—Pues cantaré, pero no de la tierra, y a ver si les va gustando.

—Tú canta, canta.

Zito, con el porrón apoyado sobre una pierna, entona una copla. Sus compañeros bajan la cabeza.

> Al marchar a la siega
> entran rencores
> trabajar para ricos
> seguir de pobres.

... ...

Sobre los campos salta la noche. Un ratón corre por el pajar. Los segadores están tumbados.

—Oye, San Juan, son unos veinte días aquí. A doce pesetas, ¿cuánto viene a ser?

—Cuarenta y ocho duros.

---

[13] Portegado: Cobertizo.

76

—No está mal.

Abajo, en la cocina, habla Martín en términos comerciales y escogidos con un amigo.

—Me han ofrecido material humano a siete pesetas para hacer toda la campaña, pero son andaluces...

—Gente floja.

—Floja.

Martín hace con los labios un gesto de menosprecio.

... ...

Trabajaban San Juan y Conejo con Martín. Zito Moraña, Amadeo y «El Quinto», con otros segadores que llegaron un día después, segaban en las fincas del alcalde. No se veían los dos grupos más que cuando marchaban al trabajo o volvían de él por los caminos. Zito, Amadeo y «El Quinto» dormían en el pajar del alcalde, sobre paja medio pulverizada. Se pasaban el día en el campo.

A la cuarta jornada apretó el calor. En el fondo del llano una boca invisible alentaba un aire en llamas. Parecía que él iba a traer las nubes negras de la tormenta que cubrirían el cielo, y sin embargo el azul se hacía más profundo, más pesado, más metálico. Los segadores sudaban. Buscaban las culebras la humedad debajo de las piedras. Los hombres se refrescaban la garganta con vinagre y agua. En el saucal [14], la dama del sapo, que tiene ojos de víbora y boca de pez, lo miraba todo maldiciendo. Los segadores, al dejar el trabajo un momento, tiraban, por costumbre, una piedra a bajo pierna en los arbustos para espantarla. Podía llegar la desgracia. El viento pardo vino por el camino levantando una polvareda. Su primer golpe fue tremendo. Todos lo recibieron de perfil para que no les dañase, excepto «El Quinto», que lo soportó de espaldas, lejano en la finca, con la camisa empapada en sudor, segando. Le gritaron y fue inútil. No se apercibió. Cuando levantó la cabeza era ya tarde.

«El Quinto» llegó al pajar tiritando. Y no quiso cenar. Le dieron miel en las espaldas. El alcalde llamó al médi-

---

[14] Lugar en que abundan los saúcos.

co. El médico lo mandó lavar porque opinó que aquello eran tonterías. Y dictaminó.

—No es nada. Tal vez haya bebido agua demasiado fría.

Zito le explicó:

—Mire, doctor, fue el viento pardo...

El médico se enfadó.

—Cuanto más ignorantes, más queréis saber. ¿Qué me vas a decir tú?

—Mire, doctor, fue el viento que mata el cereal y quema la yerba. Hay que darle de miel. Las mantecas de los riñones las tiene blandas.

—Bah, bah, el viento pardo... —comentó.

Los compañeros volvieron a darle miel en las espaldas en cuanto se marchó el médico, y Zito le echó su manta.

—¿Y tú, Zito? —dijo «El Quinto».

—Yo, a medias con Amadeo.

«El Quinto» temblaba; le castañeteaban los dientes. El viento pardo en el saucal hacía un murmullo de risas.

... ...

Allí estaba «El Quinto», entretenido con las arañas. Las iba conociendo. Contó a Zito y a Amadeo cómo había visto pelear a una de ellas, la de la gran tela, de la viga del rincón, con una avispa que atrapó. Lo contaba infantilmente. Zito callaba. De vez en vez le interrumpía doblándole la manta.

—¿Qué tal ahora?

—Bien, no te preocupes.

—¿No me he de preocupar? Has venido con nosotros y no te vas a poder marchar. Nosotros dentro de cuatro días tiramos para el norte. Esto está ya dando las boqueadas.

—Bueno, qué más da. No me echarán a la calle de repente...

—No, no, desde luego... —dudaba Zito.

—Y si me echan, pues me voy.

—¿Y adónde?

—Para la ciudad, al hospital, hasta que sane.

—Hum...

... ...

—Aquí tienes lo tuyo, Zito. Os doy doce perras más or día a cada uno.

—Gracias.

—Pues hasta el año que viene. Que haya suerte. Y dile «Quinto» que para él, aunque no ha trabajado más que es días y le he estado dando de comer todo este tiempo, ay diez duros. No se quejará.

—No, claro.

—Pues díselo y también que levante con vosotros.

—Pero si es imposible, si está tronzado.

—Yo yo qué quieres que le haga.

.. ..

Llegaron al puente. «El Quinto» andaba apoyado en un alo medio a rastras. Zito Moraña y Amadeo le ayudaban or turno.

—¿Qué tal? Ahora coges la carretera y te presentas en eguida en la ciudad.

—Si llego.

—No has de llegar. Mira, los compañeros y yo hemos echo... un ahorro. Es poco, pero no te vendrá mal. Tó- halo.

Le dio un fajito de billetes pequeños.

—Os lo acepto porque... Yo no sé... muchas gracias. Muchas gracias, Zito y todos.

«El Quinto» estaba a punto de llorar, pero no sabía o o había olvidado.

—No digas nada, hombre.

Les dio la mano largamente a cada uno.

—Adiós, Zito; adiós, Amadeo; adiós, San Juan; adiós, Conejo.

--Adiós, Pablo, adiós.

Hacía quince días que habían aprendido el nombre del Quinto».

Por la orillita de la carretera caminaba, vacilante, Pa- lo. Los segadores volvieron las espaldas y echaron a an- lar. Se alejaron del puente. Zito, para distraer a los com- añeros, se puso a cantar a media voz algo de su tierra.

1953.

La guerra

Patio de armas

1

—*Le jeu aux barres est plutôt un jeu français. Nos écoliers y jouent rarement. Voici à quoi consiste ce jeu: les joueurs, divisés en deux camps qui comptent un nombre égal de combattants, se rangent en ligne aux deux extrémités de l'emplacement choisi. Ils s'élancent de chaque camp et ils courent a la rencontre l'un de l'autre. Le joueur qui est touché avant de rentrer dans son camp est pris. Les prisonniers sont mis à part; on peut essayer de les délivrer. La partie prend fin par la défaite ou simplement l'infériorité reconnue de l'un des deux camps.*

El tañido de la campana les hizo alzar las cabezas. Opaco, pausado, grávido, anunciaba el recreo.

—No ha terminado la clase —dijo el profesor a media voz—; traduzca.

Cesó la campana y hubo un vacío de despedida. Hasta entonces nadie había prestado atención a la lluvia, que golpeaba en las cristaleras arrítmicamente, flameando como una oscura bandera.

—No ha terminado la clase, Gamarra —la mirada del profesor emergió, burlona y lejana, de las acuarias ondas dióptricas—, y para alguno puede no comenzar el recreo.

La lluvia, desgarrada, trizada, en los ventanales, producía un cosquilleo y una atracción difícil de evitar. El profesor apagó la pequeña lámpara de su pupitre, cambió sus gafas y se ensimismó unos segundos contemplan-

83

do el esmerilado de la lluvia en los cristales. Después se levantó.

—Al patio pequeño.

Los colegiales se pusieron en pie y cantaron mecánica mente el rezo: «Ainsi soit-il.»

En los pasillos, mal alumbrados, el anochecer borro neaba las figuras. Los balcones de los pasillos daban a un breve parque, cuidado por el último de los alsacianos fundadores, y al huerto de los frailes, trabajado por los chicos del Tribunal de Menores. Los árboles del parque tenían musgo en la corteza. En el invernadero del huer to se decía que había una calavera. Hacia el invernadero nacarado convergían las miradas de los muchachos cas tigados en los huecos de los balcones, cuando desapare cían las filas de compañeros por la puerta grande del pabellón. Bajaron lentamente de la clase de francés mi rando con aburrimiento las orlas de los bachilleres que colgaban de las paredes, mirando la tierra del parque prohibida a la aventura y aquella otra tierra de los golfos de cabezas rapadas y de la calavera, cuya sola contempla ción desasosegaba y hacía pensar en una melodramática orfandad.

Alguno pisaba los talones del que le precedía; algunos hacían al pasar sordas escalas en los gajos de los radia dores. Arrastraban los pies cuando se sentían cobijados en las sombras, y ronroneaban marcando el paso como prisioneros, vagamente rebeldes, nebulosamente maso quistas.

—Silencio.

En el zaguán, el profesor se adelantó hasta la puerta y dio una ligera palmada que fue coreada por un alarido unánime. Corrieron al cobertizo bajo la lluvia, preserván dose las cabezas entocando las blusas; dos o tres queda ron retrasados, haciéndolas velear cara al viento y la lluvia.

Junto al cobertizo estaba el urinario, con celdillas de mármol y un medio mamparo de celosía que lo separaba del patio. Se agolparon para orinar. El sumidero estaba tupido por papeles y resto de meriendas, y los colegiales chapoteaban en los orines. Se empujaban; algunos se le vantaban a pulso sobre los mármoles de las celdillas y uno cabalgaba el medio mamparo dando gritos.

En la fuente se ordenaron para beber, protestando de los que aplicaban los labios al grifo. Los desvencijados canalones del tejado del cobertizo vertían sus aguas sobre la fila de bebedores, haciendo nacer un juego en el que los más débiles llevaban la peor parte. Era el martirio de la gota.

Hubo un instante en que los colegiales, cubiertas sus necesidades, no supieron qué hacer. Uno de los muchachos corrió desde el tercio del cobertizo que les correspondía hacia las motos. El soldado se levantó. El soldado estaba en mangas de camisa y cruzó sus blancos brazos, casi fosfóricos en la media luz, rápida y repetidamente. Las negras botas de media caña le boqueaban al andar.

—¡Fuera, fuera, chico! —gritó, y lo oxeó [15] hacia sus compañeros—. ¡Fuera, fuera!... Yo decir frailes, yo decir frailes...

Gamarra tenía el pelo rojo. Ugalde era moreno. Lauzurica e Isasmendi llevaban gafas. Zubiaur cojeaba. Rodríguez era francés. Vázquez había nacido en Andalucía. Eguirazu tenía un hermano jugador de fútbol. Larrea era hijo del dueño de un cine. Sánchez sabía grecorromana. Larrinaga robaba.

Gamarra estaba plantado delante del soldado con las manos en los bolsillos del pantalón.

—¿Por qué? —preguntó Gamarra—. Ayer estaban las motos fuera.

—Ayer, buen tiempo —respondió el soldado—. Hoy, muy mal tiempo. Verboten, prohibido pasar —con la palma de la mano el soldado, trazó una línea imaginaria—. Yo decir frailes si pasáis.

—¿Por qué no llevan las motos al patio grande? —dijo Gamarra—. En el patio grande no podemos jugar.

El soldado sonrió y encogió los hombros.

—El oficial...

Ugalde habló al oído a Gamarra. El soldado, censu-

---

[15] Oxear: Espantar a los animales; aplicado aquí a los niños.

rando las palabras españolas con el movimiento de su dedo índice extendido, explicaba docentemente a los demás:

—En Alemania, los chicos prohibido, prohibido. No prohibido, jugar. Prohibido, no se pasa. En Alemania, mucha disciplina los chicos.

—Esto no es Alemania —dijo Zubiaur.

—Ya, ya. No es Alemania...

El soldado sonreía infantilmente.

—Ya ya. No es Alemania...

Larrea imitó al soldado hablando a golpes:

—Ya, ya. No es Alemania...

—Tú no reír —dijo el soldado—. Yo decir frailes.

Era un bonito juego imitar al alemán, y todos, excepto Gamarra, jugaron.

—Ya, ya. No es Alemania...

—Ya, ya. No es Alemania...

—Ya, ya. No es Alemania...

—Yo decir luego a frailes —dijo el soldado, furioso— Y pegaré al que pase.

Gamarra estaba contemplando al soldado.

—¿Desde dónde no hay que pasar? —preguntó Gamarra.

—Aquí —contestó el soldado, volviendo a trazar la línea imaginaria con la palma de la mano—. Aquí, prohibido.

—Muy bien —dijo Gamarra, e hizo el mismo ademán que el soldado—. Desde aquí, prohibido para ti. Tú prohibir, nosotros prohibir, ¿entender?

—¿Entender? —dijeron todos, palmeándose el pecho y empleando únicamente infinitivos—. ¿Tú entender? Nosotros prohibir. Tú no pasar.

Larrinaga trazó con tiza una raya en el suelo que ocupaba toda la anchura del cobertizo.

—Prohibido pasar —dijo Gamarra—. Si no, nosotros pasaremos.

El soldado sonrió.

Sonó la campana, y los colegiales corrieron dando gritos hacia la puerta del pabellón. Gamarra volvió la cabeza.

—Tú no pasar, ¿eh?

Las luces de las clases anaranjaban las proximidades del pabellón. Llovía sin viento. En el zaguán sacudieron sus blusas y taconearon con ruido.

—Silencio —dijo el profesor.

Los veinticinco colegiales iban en fila de a dos por los pasillos. El parque era una espesa niebla. El huerto estaba del otro lado de la noche. Las orlas de los bachilleres se iban adensando de nombres y fotografías a medida que pasaban los años; 1905, ocho; 1906, once; 1907, trece...; 1936, veintidós. Las escalas en los radiadores eran más agudas.

El soldado alemán se paseaba a lo largo del cobertizo sin respetar la raya de tiza. Luego se relevaron. *Gute Nacht.*

2

La barroca anaglipta [16] contrastaba con el mobiliario vascongado, severo, macizo, intemporal, un punto insulso. Cupidónicos cazadores, ánades en formación migratoria, carcajes abandonados entre las juncias, piraguas embarrancadas en las orillas del agua, lotos, lirios, hiedras, mostraban sus relieves en el techo. Un zócalo de madera cubría dos tercios de las paredes. Ovaladas acuarelas, en marcos dorados, colgando hasta el zócalo, representaban paisajes convencionales: ruinosos castillos fantasmados por el plenilunio, bucólicos valles verdeantes engarzados entre montañas nevadas, una charca helada con zarrapastrosos niños patinadores...

La lámpara de dos brazos en cruz, terminada en puños de porcelana, iluminaba mal la estancia. La suave penumbra de las rinconadas distraía y turbaba al muchacho. A veces se levantaba para confirmar su soledad, temiendo no estar solo; a veces penetraba en los paisajes de las acuarelas, y el regreso era un sobresaltado despertar. Hasta él llegaba la conversación sosegada de

---

[16] Anaglyptus: Esculpido en bajo relieve.

la madre y la abuela en la galería de la casa. La conversación rumorosa le adormilaba. Le hubiera gustado ir y escuchar, pero esto requería un previo examen: «¿Has terminado ya? ¿Has hecho la tarea? Tienes que enseñárselo a tu padre.» Había bebido agua en la cocina, había ido tres veces al retrete. La madre y la abuela callaban al verle pasar. En la conversación de la abuela nacía el campo: el robledal del monte bajo, las culebras de la cantera, la charca mágica con las huellas del ganado profundas en el barro. La abuela olía a campo y algunos vestidos de la abuela crujían como la paja en los pajares. Los ojos de la abuela estaban enrojecidos por el viento y el sol. Le debían de picar como si siempre tuviera sueño, aunque la abuela dormía poco e iba, todavía oscuro, a las primeras misas.

Extendió los mapas y abrió varios cuadernos, cuando oyó la puerta de la calle. Después se levantó. Eran las nueve de la noche.

El padre se descalzaba en la cocina. Se ayudaba con un llavín para sacar los cordones de los zapatos ocultos entre la lengüeta y el forro. Estaba sentado en una silla baja y su calva aún no era mayor que una tonsura.

Cuando alzó la cabeza lo vio un poco congestionado por el esfuerzo.

—Hola, Chema —dijo—. ¿Todo bien?

—Bien, papá.

—¿Has trabajado mucho?

—Estoy con los mapas.

—No sería mejor tu francés, ¿eh?

—A primera hora tenemos geografía.

—Ya; pero tu francés, ¿eh?

—Dicen que ahora va a haber francés o italiano, a elegir, y en quinto, inglés o alemán.

—Bueno; pero a ti lo que te interesa por ahora es el francés.

—Dicen que el italiano es más fácil.

El padre se incorporó y le acarició la áspera, alborotada y encendida pelambre. Se apoyó en su padre. Tenía la ropa impregnada del olor del café, y contuvo la respiración. Fueron caminando hacia la galería. El padre le sobaba el lóbulo de la oreja derecha. .

—Tú dale al francés. No quiero que te suspendan, ¿de acuerdo?

—Sí...

Al abrir la puerta, el desplazamiento del aire hizo temblar la llama de la mariposa en el vasito colocado delante de la imagen de la Virgen. Se desasió de su padre y se acercó a la cómoda. Alguna vez había hurtado alguna moneda del limosnero; alguna vez había sacado el cristal de la hornacina para tocar la imagen, el acolchonado celeste y las florecillas de tela.

—Hola, abuela —dijo el padre—. Hola, Inés. Está haciendo un frío del demonio.

—Chema, si no vas a continuar, apaga la luz del comedor— dijo la madre.

—Pronto nevará —dijo la abuela—. Por Todos los Santos, nieve en los altos. Antes, también en el llano, y a mediados de octubre. Hoy no nieva con aquellas nieves.

—Deja la lamparilla quieta —ordenó la madre— y apaga la luz del comedor.

—No sé si nevará menos, pero este año va a ser bueno...

—La pobre gente que está en la guerra —la abuela se santiguó—. Pobres hijos, pobres.

—¿Por qué no apagas la luz, Chema?

—Voy a ver lo que ha hecho —dijo el padre—. Luego os contaré. Quiero cenar pronto. ¿Y la muchacha?

—Hoy es jueves. Ha salido.

—Vamos a ver lo que has hecho, Chema.

El padre y el hijo se fueron al comedor. La abuela y la madre guardaron silencio. Les oyeron hablar. A poco apareció el padre. Enfurruñó el gesto. Hizo un ruidito con los labios. La madre entendió.

—Le tienes que meter en cintura, Luis.

—Se lo he dicho todas las veces que se lo tenía que decir. Ahora bien, hoy no va a la cama hasta que no termine lo que tiene que hacer.

Encendió un cigarrillo y se sentó a la mesa camilla.

—Se agradece el brasero.

—¿Quieres que le dé una vuelta?

—No. Así está bien.

—¿Qué se cuenta por ahí? —dijo la madre después de una pausa—. ¿Se sabe algo de los de la cárcel?

—Ha habido traslado, pero... —hizo un gesto de preocupación— eso es muy vago. Aquí podían estar relativamente seguros, siempre que... En fin, han quedado en llamarme mañana a primera hora si saben algo.

—Ten cuidado —dijo la madre.

—¡Qué cosas! Bien o mal, sin referirnos a nadie. Es suficiente.

—Bueno, bueno, tú sabrás.

—Sácame un vasito, mientras llega la chica.

—¿Quieres que te haga la cena? Ahora un vaso puede sentarte mal. No tienes el estómago bueno y, así en frío...

—No, espero. Sácame un vaso.

—Como tú quieras.

La madre se levantó y regresó prontamente con una botella y un vaso.

—Ha llegado más tropa. Y ha salido mucha para el frente. El café estaba lleno de oficiales. Por cierto que esta tarde han traído el cadáver del capitán Vázquez, el padre de un compañero de Chema.

—¿Le conocías?

—Sólo de vista. Iba al café y alguna vez lo he visto en el Casino. Era muy amigo de Marcelo Santos, el de Artillería. El de Artillería, no su hermano. Al parecer, lo ha matado una bala perdida, porque estaba de ayudante del coronel y bastante retirado del frente.

—Y el traslado ¿qué puede significar? —dijo la madre.

—Lo mismo lo peor que lo mejor —dijo el padre, preocupado. Y repitió—: Lo mismo lo peor que lo mejor.

—Y no hay manera...

—Ahora, manera, con la ofensiva en puertas. ¡Qué cosas, Inés! Si los dejaran aquí, todavía. No me han dado nombres, pero temo mucho que entre ellos estén el pariente, Isasmendi y alguno de su cuerda, que además organizaron hace unos días un plante porque no les dejaban que les llevaran la comida de fuera.

Tomó un trago de vino y aplastó el cigarrillo en el cenicero. La puerta del comedor se abrió y oyeron el ruido seco del interruptor.

—Ya he terminado, papá.

Entregó el cuaderno abierto y aleteante.

—Ves —dijo el padre— como sólo es proponérselo. Cuando tú quieres, lo haces bien y rápidamente. Ves, con un poco de voluntad... No sé por qué te niegas, como si no fuera por tu bien.

El padre ojeó el cuaderno.

—Muy bien, Chema.

—¿A quién han matado? —preguntó Chema—. ¿A quién has dicho que han matado, papá?

El padre posó una mano en el hombro de Chema. El niño sentía su peso tutelar, fortalecedor, sosegante, y se encogió al amparo.

—¿Tú eres muy amigo de ese chico andaluz de tu curso?

—¿De Vázquez, de Miguel Vázquez?

—Sí, de Miguel Vázquez... ¿Tú conocías a su padre?

Miró hacia el suelo, afirmando con la cabeza. Deseaba tener una noble emoción, grande y contenida. Esperándola centró su atención en un nudo de la tarima; un nudo circular, rebordeado, lívido y solo.

—... una bala perdida —dijo el padre.

3

A las once salieron del colegio para asistir a la conducción del cadáver. Llovía mucho. Llevaban los capuchones de las capas impermeables muy metidos, y echaban las cabezas atrás para verse. Se empujaban bajo los goterones y las aguas sobradas de los canalillos de los tejados. El prefecto marchaba pastoreando las filas, distraído y solemne, cubierto con un gran paraguas aldeano.

Lauzurica resbaló en el bordillo de la acera. El prefecto se adelantó y golpeó en el hombro a Gamarra.

—Siempre usted, Gamarra —dijo—. Dará cincuenta vueltas al patio si escampa; si no, me escribirá durante los recreos cien líneas. Recuerde: «No sé andar por la calle como una persona.» ¿Me ha entendido?

—Sí, don Antonio; pero no he sido yo.

—No quiero explicaciones.

Bajo la marquesina de la entrada principal del cuartel donde estaba montada la capilla ardiente, esperaron la llegada de las autoridades. La familia y los amigos y compañeros del muerto estaban velando. Gamarra y Ugalde se refugiaron en una de las garitas de los centinelas, abandonadas de momento. La garita olía a crines, a cuero y a tabardo. Gamarra imitaba a los centinelas pasando de la posición de descanso a la de firmes, presentando armas invisibles. Ugalde descubrió inscripciones pintadas a lápiz o rayadas en la cal. Los dibujos obscenos les provocaban una risa calofriada.

—Fíjate, Chema, fíjate.

Cada uno descubría por su cuenta. Ugalde quería llamar a Lauzurica cuando la garita se ensombreció.

—Muy bonito —dijo el prefecto, apretando los labios—. Muy bonito y muy bien. Salgan de ahí, marranos. En las notas de esta semana van a tener su justa compensación. Cero en conducta, cero en urbanidad, y advertencia —el prefecto se ejercitó pensando la sucinta nota aclaratoria de´las dos censuras—: «Conducta y urbanidad de golfete. Aprovecha la ocasión para chistes dichos y palabras de bajo tono. Presume de hombrón.»

Les empujó con la contera del paraguas hacia el grupo de compañeros.

—¿Qué pasa? —preguntó susurradamente Lauzurica, haciendo un gesto cómico al mirar por encima de los empañados cristales de sus gafas—. ¿Ha habido hule? ¿Le dio el ataque?

—Ya te contaré —dijo Chema.

—Van ustedes a pasar de uno en uno —dijo el prefecto con la tenue, silbante, respetuosa voz de las funciones religiosas—. Darán la cabezada a su compañero y a los que le acompañan en el duelo. De uno en uno… No quiero ni señas ni empujones. ¿Entendido? ¿Me han entendido?

La capilla ardiente estaba situada en el Cuarto de Banderas del regimiento. En las paredes del portalón formaban panoplias las hachas, los picos, las palas de brillante metal de los gastadores. Las trompetas, cornetas y cornetines de la banda colgaban de un frisillo de terciopelo rojo Tres alabardas de sargento mayor cruzaban sus astas detrás de un gran escudo de madera pintado de gris. Los colegiales contemplaban las armas con arrobo.

—No se paren —dijo el prefecto—. ¡Vivo, vivo!

Un educando de banda, pequeñajo y terne, les sonreía con superioridad. Llevaba el gorrillo cuartelero empuntado y de ladete, y el largo cordón de la borla hacía que ésta le penduleara sobre los ojos. A un costado, en el enganche del cinturón, tenía la corneta, y al otro, el largo machete español le pendía hasta la corva izquierda. Era causa de admiración y osadía.

Entraron silenciosos y atemorizados. Iban a ver un cadáver. No lo vieron. Junto al ventanal enrejado, cerca de la puerta, les esperaba el duelo: Miguel Vázquez, acompañado de un coronel, un capitán y un señor vestido de luto con aire campesino. Al fondo de la sala estaba el ataúd. Unos soldados montaban la guardia. Los grandes cirios y las flores cargaban de un olor descompuesto y pesado la habitación.

Como una sábana, la bandera cubría la caja mortuoria, y unas mujeres, arrodilladas en sillas de asientos bajos y altos respaldos, rezaban. De vez en cuando un zollipo [17] contenido hacía volver las cabezas de los que formaban el duelo hacia la escenografía funeral.

Miguel Vázquez alzó las cejas cuando Larrinaga inclinó la cabeza. Miguel Vázquez saludaba a los amigos, y no volvió a su apariencia contrita y aburrida hasta que no pasó el último de ellos.

—¿Lo has visto? —preguntó Zubiaur a Eguirazu.

—Al entrar.

—Imposible —dijo Larrea—. No se veía nada. Me he puesto de puntillas y nada. La bandera lo tapaba todo. Debe estar en trozos. Una granada, si le da a uno en el pecho, no deja ni rastro...

---

[17] Zollipo: Sollozo.

—¿Y quién te ha dicho que ha sido una granada? —interrogó Larrinaga—. Ha sido una bala perdida. Gamarra lo sabe porque se lo ha contado su padre, que era muy amigo del padre de Miguel.

Estaban fuera de la marquesina. El prefecto les había reunido en su torno.

—No vamos al cementerio —dijo—. El duelo se despide en la fuente de los patos. En cuanto se despida el duelo pueden ir a sus casas. Gamarra y Ugalde, no. Gamarra y Ugalde se vienen conmigo al colegio hasta las dos. ¿Lo han entendido todos?

La respuesta fue un moscardoneo discreto que Larrinaga y Sánchez cultivaron con pasión hasta sobresalir de sus compañeros.

—El señor Sánchez y el señor Larrinaga —dijo el prefecto— también vendrán al colegio. Allí podrán rebuznar cuanto les apetezca.

—Siempre a mí —dijo Sánchez desesperadamente—. Siempre a mí. El bureo ha sido de todos.

—Siempre a usted, ¡inocente! —respondió el prefecto—, que, además, esta semana se lleva un cero por protestar y que entra por propio derecho en el grupo de los elegidos, viniendo los domingos por la tarde.

—No —dijo Sánchez.

—Sí, señorito, sí. Ya lo verá usted.

—No volveré jamás al colegio —gritó Sánchez llevado por los nervios—. No tiene usted derecho, no tiene usted derecho. ¿Por qué no castiga a sus paniaguados? [18]

—Yo no tengo paniagudos. Lo que acaba de decir se lo va a explicar al señor director.

A Sánchez se le saltaban las lágrimas. Estaba enrabietado. Un codazo de advertencia de Larrinaga sirvió solamente para empeorar la discusión.

—Esas niñas piadosas —dijo Sánchez intentando un dengue, sin que cesara su llanto—. La congregación de las niñas piadosas... Y la coba que le dan en los recreos... A esos, nada, y a los demás... ¡Que conste que lloro de rabia!

---

[18] Paniaguado: Favorecido.

—¿Ha terminado usted? —dijo gravemente el prefecto.

Sánchez le miró de arriba abajo y apretó los dientes.

—No volveré jamás al colegio.

Se alejó sollozando y a los pocos metros se echó a correr.

—Venga usted aquí. Piénselo bien, porque si no, va a ser peor.

El prefecto ametrallaba el pavimento con la contera del paraguas.

—Apártense —dijo el prefecto cuando llegaron las autoridades—. Aprendan a escarmentar en cabeza ajena. He ahí uno que ha perdido el curso, por lo menos en lo que esté de mi mano.

—Está la cosa que arde —murmuró Gamarra.

A la fuente de los patos los colegiales llegaron dispersos. Después de despedir el duelo, dieron la mano al prefecto.

—Ave María Purísima.

—Sin pecado concebida.

Por calles solitarias, por cantones donde torrenteaban las aguas de lluvia, por el camino de barro que llevaba a las fértiles huertas de la vera del río de la suciedad, el prefecto y los castigados iban al encuentro de la puerta trasera del colegio. Atajaban.

Al entrar en el colegio, el prefecto les preguntó:

—¿Ya no tienen ganas de reírse?

No tenían ganas de reír.

Cruzaron el huerto, trabajado por los chicos del Tribunal de Menores. Dieron de lado al invernadero nacarado que guardaba una calavera. Atravesaron el parque de árboles musgueados.

—Dos minutos para hacer sus necesidades.

Corrieron hacia los retretes del patio pequeño. Había grandes manchas de grasa en el asfalto del vacío cobertizo.

—Verboten —dijo Gamarra—. Se han ido. Vais a oír cañonazos. Yo tirar, tú tirar. Guerra. ¿Entender?

—Si vienen aviones a bombardear, no habrá clase —dijo Ugalde.

—Me gustaría escaparme al frente —dijo Larrinaga.

El prefecto les estaba esperando en el aula grande que llamaban Estudio.

4

—Tenemos alojado en casa —explicó Rodríguez— Nos lo enviaron ayer. Ha estado en Abisinia. He visto en su maleta una cimitarra.

—Los abisinios usan alfanje y no cimitarra —dijo Larrinaga—. Alfanje y jabalina, y llevan el escudo, que es de piel de león, con una cola suelta en el centro.

—Salgari —dijo Eguirazu.

—¿Por qué Salgari?

—Porque lo que tiene ese italiano es el cuchillo de los Saboya. ¿No les has oído decir Saboya y saludar con el cuchillo?

—Tonterías —dijo Gamarra—. Bayonetas vulgares.

—No son bayonetas.

—Sí son bayonetas.

—No lo son. Son, en todo caso cuchillos de combate.

—¿Cuchillos de combate? No sabéis. Los que llevan en la cintura son de adorno, y los otros son bayonetas.

Estaban en un rincón del cobertizo. Llovía dulcemente. Hacía frío. Se apretaban unos con otros. Se acercó el prefecto.

—Muévanse. No quiero ver a nadie parado. Gasten ahora energías, y no en la clase.

—Te hago una carrera hasta la tapia y volver —dijo Gamarra dirigiéndose a Rodríguez.

—Prohibido salir del cobertizo —ordenó el prefecto—. Jueguen, jueguen a la pelota.

—Es imposible, don Antonio —dijo Eguirazu.

El prefecto bebió los vientos.

—¿Quién ha fumado ?—preguntó gravemente.

Se miraban asombrados, se encogían de hombros.

—No se hagan los tontos. Luego habrá registro. Ahora jueguen y saquen las manos de los bolsillos.

Les dio la espalda y se fue paseando hacia otros grupos menos díscolos.

—¿Has fumado tú? —preguntó Gamarra a Rodríguez.

—Sí, en el retrete.

—Pues ya lo puedes ir diciendo.

—¿Por qué lo tengo que decir?

—Porque va a haber registro.

—Y a mí, ¿qué?

—Que si no lo dices, eres un mal compañero.

—Y si lo digo, ¿qué? El paquete para mí, ¿no?

—Déjale que haga lo que quiera —intervino Zubiaur—. Otras veces fumas tú y nos callamos.

La campana anunció los cinco postreros minutos del recreo. Corrieron hacia los urinarios.

—No dejar entrar a nadie. Defender la posición —gritó Gamarra.

Gamarra y sus amigos tomaron las dos entradas y comenzaron a luchar con los compañeros.

—¡A mí, mis tigres! —clamó Gamarra subido en el medio mamparo del que iba a ser desmontado—. ¡Vengan mis valientes!

Uno de los muchachos resbaló y cayó de bruces. De las palmas de las manos, embarradas, le brotaba sangre.

—No deis cuartel —gritó Gamarra.

—¡Imbécil! —dijo el herido.

—¿Qué te ha pasado? —preguntó Gamarra.

—Por tu culpa.

—A la enfermería. Te salvas de latín, muchacho. ¡A mí, mis tigres!

El herido se abalanzó sobre Gamarra y lo hizo caer desde el mamparo. Lucharon en el suelo.

—¿Qué pasa aquí? ¿Quién ha comenzado? —preguntó el prefecto acercándose.

La respuesta fue unánime:

—Ellos.

—El próximo recreo se lo pasan traduciendo. A usted, Gamarra, le espera algo bueno. Voy a acabar con sus estupideces y faltas de disciplina en un santiamén.

Sonó la campana por segunda vez y los colegiales formaron en dos filas. Entraron en el pabellón. Zubiaur había sido lastimado en su pierna coja y caminaba dificultosamente.

—¿Te has hecho mucho daño? —preguntó bisbiseadamente Lauzurica.

—Un retortijón.

Gamarra empujaba a Ugalde.

—Isamendi ha faltado ya dos días —dijo Ugalde—. ¿Estará enfermo?

—No. Dice mi padre que a su padre lo han trasladado de cárcel.

—¿Y eso es malo?

—Dice mi padre que sí.

—Silencio —ordenó el prefecto.

Las orlas de los bachilleres rebrillaban. Alguien hizo gemir el pasamanos del barandado apretando la húmeda palma contra él.

—Silencio —gritó el prefecto.

Los colegiales de segundo curso de Bachillerato marcaban el paso por las escaleras.

5

El cielo azuleaba entre blancas y viajeras nubes. Gamarra se asomó a la ventana del patio alzándose sobre el radiador. Vio a sus compañeros formando equipos para el juego de tocar torres. Lauzurica echaba la cuenta de los pies con un compañero. Isasmendi y Vázquez, vestidos de luto esperaban la decisión de los capitanes. Gamarra casi oía sus voces.

—Yo, a Ugalde.

—Yo, a Ortiz.

—Yo, a Larrinaga.

—Yo, a Acedo.

—Yo, a Rodríguez.

—Yo, a Mendívil.

—Yo, a...

Sólo faltaban dos.

—Yo, a Isasmendi.

—Yo, a Vázquez.

Se fueron hacia sus torres. Gamarra oyó un tabaleo en
os cristales de la puerta del pasillo. Volvió la cabeza y
io como guillotinada la cabeza amenazante del padre di-
ector. Fue a su pupitre y se puso a traducir con diccio-
ario:

«El juego de las barras es más bien un juego francés.
Nuestros escolares lo juegan raramente. He aquí en qué
onsiste este juego: Los jugadores, divididos en dos cam-
os, que tienen un número igual de combatientes...»

Como una sorda tormenta desde las montañas llegaba
l retumbo de la artillería. Comenzaba la ofensiva.

1961.

Un corazón humilde y fatigado

I

—Déjate de fantasías...

La luz cenital de Santiago era una mugiente colada de alto horno, fluyendo por el laberinto de callejas, sobrándose en los umbrales de las casas. En las horas siguientes, tras de repuntar la anegación, irían creciendo hacia la noche sombras cárdenas, melancólicas escorias.

En el almacén, desde la puerta al espigón del mostrador, la luz movía sus informes y nacarados élitros, crepitando lejana como agua derramada sobre una rusiente [19] chapa. Desde el mostrador hasta el tabuco de la oficina, fortificado por pilas de sacos de legumbres, la luz dejaba de ser algo cautivo y bordoneante para decantarse en una cripta de hondo, suave y misterioso color, acaso como de lilas, labios, venas.

—... la convalecencia será larga, Toni, no lo olvides...

El mar, rumiando en las playas, decorando en los cantiles [20], movedizo y nivoso en los arrecifes, pleno de modorra hasta el trazo del horizonte, invitaba al otro lado del pueblo. El mar dormía las barcas, guillotinaba a los bañistas, canturreaba en el muelle y era una satinada plana para la caligrafía de los *snipes,* las motoras y los esquiadores.

---

[19] Rusiente: Que se pone rojo.
[20] Cantil: Lugar que forma escalón en la costa.

—... el almacén es fresco y estás mejor aquí que en la calle o en la playa y puedes echarme una mano, sin fatigarte, claro, tomándotelo con mucha calma...

Le hubiera gustado penetrar en el paisaje del calendario de las Publicaciones de Turismo, que un poco ajado y polvoriento pendía a la izquierda de la mesa de despacho. Sabinas, arenas, mar y la vela colorada de un balandro en la lontananza. El aroma de los árboles y de las aguas en vez de los olores que eran el alfabeto de su padre, olores estabulados en cajones, armarios, botes, frascos, sacos, grandes cajas, se confundían en uno solo e inolvidable, conocido y reconocido desde la niñez. El pimentón tramontano, la canela de Indias, la melaza de caña, los otoñales crepúsculos del azafrán, los aromas de Castilla y todo lo demás, formaban el olor a almacén, de una densidad casi tangible, agrio y al mismo tiempo dulzarrón.

—... entretente y no pienses. Los libros, las facturas y el resto de los papeles están bastante desordenados. Míralos con calma...

El padre estrenaba un crujidor guardapolvos, largo y gris. La prominencia del vientre entreabría la línea de la botonadura y el hábito era como una cortezuela sobre el cuerpo, arrugada en la divisoria del pecho y el estómago, tersa por la espalda y el faldón. Por la viga maestra se adivinaban arañas tejiendo trampas para gordas y torpes moscas del verano. Tal vez entre los sacos una rata glotona descansaba a su abrigo esperando la noche de la libertad y del hartazgo. El abúlico gato pelirrojo hociqueaba adormilado en el mostrador.

—... pero, ante todo, nada de esfuerzos. Cuando te canses, Toni...

La campanilla de la puerta tenía un sonido irritante. El padre cerraba la puerta para conservar la frescura y para que no entraran los hedores de los pozos negros antiguos y el huelgo [21] insoportable de las bocas de los sumideros de la somera conducción de cloacas.

—No, no vendemos al detall —Toni escuchó la ronca

---

[21] Huelgo: Vaho.

voz de su padre—. Al detall tiene usted un par de tiendas al final de la calle. Esto es un almacén —clasificó con matizada insolencia.

Las confusas disculpas del comprador fueron borradas por el tintineo de la campanilla.

—Vaya usted con Dios —dijo el padre con aspereza.

Toni abrió el libro de asiento y se ajustó el arco de las gafas dispuesto a interesarse.

—Un pelmazo —dijo el padre escupiendo en el pañuelo, y añadió cariñosa y preocupadamente: —Tenemos que cuidar ese corazón, hijo mío, porque el corazón nunca avisa dos veces.

II

Por la salvadera del escalón Pachicha empujó y retuvo la carretilla con el saco.

—Son quince, patrón —dijo.

—¿Cómo no los han desembarcado antes?

—Me he pasado la mañana diciéndoselo, y Juanito a reír y a coñearse. Faltan propinas, patrón; eso es lo que yo pienso.

—No van a ver ni una peseta.

—Usted manda —dijo Pachicha encogiéndose de hombros—, pero hay que darles aceite en los bolsillos, eso es lo que yo digo.

Pachicha había envejecido en el muelle y en los bares del muelle. Se llamaba Pachicha como otros se llamaban Escota, Mangas, Pollito, Potero o Torrón. Los nombres y los apellidos eran para los sutiles asuntos empresariales. Los del santoral del muelle servían para el trabajo y para la sociedad de los bares.

Pachicha conocía a Toni desde hacía muchos años, desde que era un niño y cuando le hablaba lo hacía con respeto porque era estudiante y con tutela porque era joven. Pachicha dejó el saco en el glacis del chiscón [22] del escritorio e hizo un gesto interrogante y previo antes de hablar.

---

[22] Aposento pequeño, con tejado inclinado.

—¿Ya respiras mejor? ¿Ya te sientes?

—Voy mejor, Pachicha.

—Tienes que salir al aire puro, esto no es bueno para ti. El cerrado siempre es malo para lo que tú sufres.

—Tengo que descansar.

—¿Quemándote las cejas? Tú debieras estar o en la cama o en la calle. Si fueras hijo mío y si yo tuviera el negocio de tu padre, no estarías aquí.

—Prefiero estar aquí que en casa.

—Bueno, bueno, la gente que sabe a veces tiene sus equivocaciones —diagnosticó.

—Vuelve al muelle, Pachicha —ordenó el padre de Toni—. Aligérate, a ver si esos sacos están aquí antes de que atardezca.

—Estarán —respondió Pachicha—, aunque es mucho tomate para sólo dos brazos.

—Hay gente joven que lo hace —amenazó socarrón el padre de Toni—. Hay que jubilarse a tiempo y dejar paso a los que tienen ánimo para trabajar.

—La gente joven no quiere esto, patrón. Esto es para los viejos. En cualquier oficio se sale mejor. No iba a encontrar usted un sustituto. Aguántese con lo que tiene...

—Hasta que me canse —dijo sonriente el padre de Toni.

—No sería usted capaz —afirmó Pachicha.

—Claro que sería capaz. El negocio es el negocio. Todo lo que no es rentable es inútil.

—¿Después de veinte años? —preguntó Pachicha—. Después de tanto tiempo, ¿me iba a dar la patada?

—Anda, vete al muelle —dijo riéndose el padre de Toni— y échale un poquillo de energía.

Pachicha no quería echar energía al asunto de los sacos y se fue empujando lentamente la carretilla, camino del muelle de los veleros.

—Es un buen hombre —dijo Toni.

—Es un gandul como los demás —dijo el padre—. Un tipo que se pasa la vida en las tabernas no es otra cosa que un absoluto incapaz.

—Ha tenido muy mala suerte.

104

—Peor la han tenido su mujer y sus hijos, y por eso lo han abandonado.

Toni se levantó de la silla y comenzó a pasear por el almacén. El padre le contemplaba complacido y preocupado.

—Has crecido, hijo mío.

—No, no creo.

—Puede que hayas adelgazado y a mí me parezca que has crecido.

—Puede.

El padre comenzó a liar un cigarrillo sacudiéndose la picadura que le caía sobre el vientre.

—Creo que para el fin del verano estarás totalmente recuperado y podrás volver a tus estudios. Ojalá sea así. Yo sé que esto no es para ti.

—Estoy cansado —dijo Toni— y me duele mucho la espalda.

—Ahora que ha bajado un poco el sol, deberías darte un paseo por el pueblo. Acércate hasta el muelle y le echas el ojo a Pachicha.

—Bueno, papá.

Toni abrió la puerta.

—Deberías quitar esta campanilla —dijo.

—Ya veré, ya veré —respondió el padre.

Salió a la calle y el padre le siguió hasta el umbral. «Es alto como era su madre —pensó—, y escurrido de carnes; anda elegantemente, tiene un hermoso rostro cuando se quita las gafas y será alguien.»

Toni caminaba por la acera festoneada de una breve sombra. «Me quiere mucho —pensó casi emocionándose—, y está muy preocupado por mi corazón, que, como el de mi madre, no va bien, y es casi seguro que nunca irá bien.»

Toni volvió la esquina y el padre entró en el almacén. El padre al pasar hacia el escritorio acarició mecánicamente el lomo del gato, adormilado y vigilante en sus sidéreas pupilas.

III

—¡Hola, Toni! —saludó a gritos la chica de la droguería—. ¿Cómo va eso tuyo? ¿Ya estás mejor?

—Claro, mujer —respondió Toni bruscamente, aunque hubiera deseado hacerlo con serenidad—. ¿No lo ves?

Aquella chica, siempre que no tenía trabajo, se apostaba en la puerta de la tienda comiendo y dando voces. Comía pipas de girasol y de melón, almendras saladas y caramelos, y, a veces, extracto de regaliz, que le dejaba una repelente espumilla negra en las comisuras de los labios, mientras hablaba inexhaustible con el pueblo entero. No era fea, pero era feo verla mascar, ronzar, roer, triturar, moler con sus mecánicas mandíbulas sin pausa y, al mismo tiempo, oírla hablar de manera tan alta y caudalosa.

—¿Vas a ver a tu prima? —preguntó la chica de la droguería sonriendo.

—No, voy al muelle —dijo Toni enfurruñado.

—Es que si fueras a ver a Marisa no la encontrarías en su casa. La he visto pasar con la madre no hace...

La voz quedaba tras de la esquina, levantándose y disolviéndose en una larga espiral. Toni avivó el paso hasta que fue frenado por el saludo del párroco.

—¡Cuánto bueno, hijo! Estaba preocupado con lo que decían, pero se te ve muy requetebién.

—Muchas gracias, don Jaime. ¿Y usted?

—Para mí, lo malo es el invierno. Ahora se va tirando. Pero lo importante es tu salud. La salud de un mozo importa más que la de un viejo como yo, que se ha entregado a morir.

El párroco sonreía beatífico y pícaro cuando hablaba de su muerte, cuando daba un quiebro de palabras a su muerte y se sabía sano y, de momento, lejano al problema.

—En fin, hablemos de cosas más agradables —dijo el cura—. Hace mucho tiempo que no hablamos... A ver qué día tienes un rato libre para que echemos unos párrafos. Es una obra de caridad hablar con los viejos, hijo, aunque no tengamos nada que enseñar...

—Sí, don Jaime.

—En el cielo, todo lo que hagas de bueno se cotiza. Hala, pues, hasta otro día y a cuidarte.

—Adiós, don Jaime —dijo Toni dejándole la estrecha cera.

—Queda con Dios.

El párroco siguió su camino a pasos menudillos y Toni buscó la primera calleja que diera al muelle.

El muelle estaba envejecido y sucio de polvo de cemento. Los motoveleros parecían haber atravesado un mar lunar. Los yates del verano, al otro lado de la bahía, atracados a la larga espiga del rompeolas eran lo único brillante del paisaje. En las aguas almadiaban[23] algas, cajas y desperdicios.

— ¡Hombre, Toni! —dijo Juanito el capataz de descargadores—, es bueno verte por aquí. Todavía te hacía en la cama.

—Gracias.

—El viejo Pachicha está llevando la carga para el almacén. Este polvo se mete hasta los bofes. ¿Quieres tomarte algo en la cantina?

—No, muchas gracias.

—Bueno, muchacho... —Juanito palmeó suave, delicadamente, la espalda de Toni—. Bueno, muchacho... —repitió.

Luego se fue hacia la cantina seguido por los pasos cansinos de dos de sus mesnaderos.

IV

Llevaba unos minutos en la penumbra de la oficina sin decidirse a encender la lámpara. Garrapateaba palabras y dibujos sobre los dorsos de viejas facturas, que el padre empleaba para realizar sus cuentas. Al cabo de un cuarto de hora serían las ocho y el padre cerraría el almacén e

---

[23] Almadiaban: Flotaban.

irían juntos a la casa, pasando por el muelle, probablemente haciendo un breve alto con algún conocido o amigo. El viejo Pachicha había terminado su jornada a las siete y media y los sacos estaban apilados y ordenados impidiendo que la mansa luz del atardecer penetrara en el chiscón.

Sonó la campanilla y su tintineo interrumpió la angosta calma. Toni se sorprendió atento y curioso a lo que sucedía más allá del mamparo. Temía la visita o el cliente de última hora, fiel como una moscarda al cristal, runruneante, bullidor y fastidioso.

—¿Usted —oyó la voz contenida y temerosa de su padre.

—Sí, don Alfredo —dijo alguien que hablaba con lentitud y humildad.

—¿A qué viene? ¿Qué quiere usted de mí? —y escuchó las preguntas, entrecortadas por un profundo respirar.

Toni oía el descompuesto tono de su padre, asombrándose de su debilidad y desvalimiento, y crecieron, también en él, desvalimiento y debilidad. Ya no tenía la seguridad del padre y, como un animalillo acechado y cauteloso, atendió las palabras del gran cazador que había entrado en la fortaleza.

—Cálmese, don Alfredo —pidió con dulzura el hombre—. Cálmese, se lo ruego. Le necesito, y es algo que usted me debe, que usted únicamente puede hacer.

—Yo no puedo hacer nada. Yo no le debo nada. Yo no sé nada. Jamás he sabido. Váyase de aquí...

Pero eran palabras, ni siquiera disculpas, y todo delataba el miedo, y el gran cazador amenazó todavía más con su voz, con aquella firme y suave voz de mendigo, exigente, apagada, misteriosa.

—Usted lo vio. No le pido más que eso. Lo demás ya no importa. Quien lo hizo, no importa. Tiene que certificar la muerte de mi hijo porque necesito que no haya desaparecido, que esté muerto.

—Váyase —gritó el padre—, váyase con sus malditos asuntos de la guerra...

—Tendré que volver —dijo pesarosamente el hombre.

Toni estaba entendiendo, iba comprendiendo desde lo lejano. Había como un horizonte de tiempo donde estaban sucesos y aullidos que no formaban parte de su vida, y ahora regresaban, siniestros y en bandada.

—Márchese —gritó de nuevo el padre—. Le he repetido hasta cansarme que yo nunca he sabido de eso.

—Tendré que volver, don Alfredo —repitió el hombre con serenidad.

Toni sintió algo duro y doloroso en el pecho y se apretó las dos manos contra aquello. El chiscón estaba oscuro y él se doblaba hacia lo oscuro. Junto al mostrador, en el portillo del mamparo, se agitaba la figura del padre, que él no veía.

—No vuelva usted jamás, ¡jamás!

—Tendré que volver —dijo pacientemente el hombre.

Tintineó litúrgica la campanilla. La calle estaba coagulada de sombras. Las fachadas altas se decoraban de limón. El padre entró hacia la oficina llamando a Toni y tuvo de respuesta un quejido largo y jadeado.

—Hijo mío, pero ¿qué te pasa? No me asustes...

—Calma, papá, no es nada, creo que no es nada...

—¿Has oído, hijo?

—Sí, papá.

—Pues te lo juro que no sé nada, absolutamente nada, que nunca le he debido nada...

—¿Volverá? —preguntó Toni—. ¿Volverá?— repitió.

El hombre del otro lado de las montañas caminaba como había hablado: con lentitud y humildad, cargado de lutos antiguos.

Obra póstuma.

1970.

La burguesía

Fuera de juego

Después de bendecir la mesa extendió la servilleta sobre su oronda barriga, prendiéndola por uno de los vértices en la escotadura del chaleco. Se refrescó los labios con un sorbo de vino y jugueteó, ensimismado, con el tenedor.

—El régimen del señor —advirtió la madre.

La doncella, duenda [24], leve, llevó la bandeja desde el aparador hasta la cabecera de la mesa. El padre se sirvió con desgana. La madre cumplió la observancia hogaril:

—¿Tomaste la gragea?

—Sí, Julia —dijo cansadamente el padre.

—¿Las gotas?

—Hoy, no. Tengo revuelto el estómago.

—Debes sacrificarte un poco, respetar estrictamente...

—Ya, ya...; pero hoy, no.

Era domingo. Daba el sol en los balcones; un sol blancote, de luz viscosa y movediza derramada por el suelo, la alfombra, los muebles. Estaba la calle silenciosa y desierta. Algún coche pasaba fugaz, espejeando, y hacía tintinear los colgantes de la araña, que chispeaban colores y cucaban en el techo. Comían en la casa las dos hijas y sus maridos. De un cuarto cercano llegaba el rumor de los nietos almorzando.

Los tres hombres hablaron de negocios. El padre masticaba aburridamente y las confidencias comerciales las

---

[24] Duenda: Mansa.

hacía con la servilleta ante la boca, decoroso y reposado.

—No es día, Enrique —dijo la madre—. Los domingos se han hecho para descansar y para la familia. Tienes que despreocuparte...

—Es verdad, papá —dijo con viveza Nieves, la hija mayor—. Dejaos de negocios y hablad de cosas más divertidas. Paulino —señaló con un leve ademán a su marido—, en cuanto tiene ocasión y tú le das pie... Se pone imposible con el debe, el haber y todo ese cuento chino de las ocasiones...

Paulino se atusó el bigote entrecano y moro. Estaba satisfecho: él no perdía el tiempo, él no estaba acostumbrado a perder el tiempo, y para los negocios no había día de fiesta.

—¿A que no os podéis figurar a quién he visto en misa esta mañana? —preguntó la hija mayor, y sin esperar la respuesta tanteada, continuó—: A Carmencita Ortiz y Vidal —una reminiscencia del colegio—, la casada con Miguel Sánchez, el ingeniero. ¿No os acordáis? Va a tener otra vez familia. ¡El séptimo!

—Pero esos no viven aquí —dijo la madre.

—Hace mucho tiempo —confirmó Nieves—. Les destinaron a Sevilla. Imagínate... Ha debido venir a ver a su madre que está bastante delicada... Además, para aprovechar, porque, según sus primas, Sevilla no le gusta nada, nada.

—Con tantos hijos no andarán muy bien —dijo Paulino—. Sólo en colegios...

—Tiene un sueldazo —aclaró Nieves—. Lo que pasa es que allí no se siente a gusto. Aquí nos conocemos todos, y ¡cómo se va a comparar con un sitio donde no conoces a nadie!... Fíjate en lo de tu amigo Paqui, el que estudió contigo: cuando le destinaron a Alicante tuvo que pedir la excedencia porque Lupe, a los quince días de llegar, no podía soportar la ciudad.

—Es comprensible —abundó la madre—. Acostumbrarse a otra vida es muy difícil. Desde luego a mi edad. Pero aunque tuviera veinticinco años, aunque tuviera veinticinco años...

114

—Pues yo me iría —dijo seriamente Conchita, la hija menor—. Si éste quisiera, yo me iría.

—¡Qué cosas dices! Eso es una chiquillada —y Marcos agravó el gesto, aunque sus ojos, azules y acusados, miraban indiferentes.

—¿Por qué no? Si tú quisieras...

—Pero como no quiero.

—Pero podría ser. Los Gamazo pusieron una armería en Málaga. Y les ha ido muy bien.

—Los Gamazo son ellos y nosotros, nosotros.

—¿Y por qué no puede cambiar todo, di? Otros se han ido y están felices donde están.

—Nosotros somos felices aquí.

—¡Y eso qué tiene que ver!

—Bien, bien, lo que tú digas, Conchita; como eso no puede ser...

El padre bebió un poco de vino y se enjugó los labios. Solemne y docente comenzó su discurso:

—Hablar por hablar. Novelerías, hija. Ni se puede ni se debe pensar así. Cuando eras soltera, vaya..., pero con tres hijos... Tu marido tiene su negocio aquí, eso es lo fundamental. Tiene su reputación, es conocido... Tú tienes que pensar en tu marido y en tus hijos y en nada más... La vida no es un juego, y bueno está el mundo para juegos. Los arrepentimientos tardíos no traen más que disgustos.

—Pero hacemos una vida de ostras, papá...

—Muchos la quisieran. Lo que hay que hacer es crearse menos necesidades, para no echarlas en falta.

Nieves y la madre platicaban un aparte. Denunciaban el secreto con grandes ademanes. Nieves hacía muecas, fingiendo acusar el asombro, el asco, el horror, la indiferencia y el menosprecio.

—¿Pero tanto dinero tienen ésos?

—Por lo visto.

—Para mí que hay gato encerrado. Me cuesta creerlo.

—Igual es de la prójima.

—Esa le ayudará a caer, pero no a otra cosa.

—Pues de algún lado tiene que salir.

—A mí me han dicho... —y las palabras fueron un

115

susurro de confesonario hasta la interrupción de la madre:

—¡Qué horror! No me digas...

—Así como suena.

—¡Quién lo iba a decir! Aunque, pensándolo bien...

—Si no es verdad, pudiera serlo, mamá.

—En eso pocas veces se equivoca la gente. Cuando el río suena, agua lleva. ¿Y su pobre madre?

—Ya se enterará.

—Da náuseas.

El padre desmigaba pan sobre el plato vacío. Paulino dictaminaba fracasos.

—Muchos proyectos le he conocido a ése, pero ninguno tan descabellado.

—Pues se van a hacer un chalet en Lequeitio —dijo Conchita.

—No creo que ahora estén tan boyantes como para hacerse no un chalet ni siquiera una cabaña de pastor. Si tú frecuentaras los Bancos, cuñada...

—¿En Lequeitio? —preguntó el padre—. Pues no se para en barras. El año que nosotros fuimos a veranear a Lequeitio ya vendían las parcelas caras.

—¿Te acuerdas, Enrique, del verano de Lequeitio? —dijo la madre—. Entonces vivía allí la emperatriz Zita. Vosotras erais muy pequeñas. A veces recibía a alguno de aquí. A los Uriberri les regaló una arqueta preciosa.

—Es que Uriberri, que era militar, se había casado con una hija de la marquesa —dijo el padre— y estaba muy bien relacionado.

—Me acuerdo de haber visto a la emperatriz —continuó la madre ahuecando la voz—. Era una señora, una señora... La pobre sí que debió tener disgustos en su vida; pero se la veía tan señora, tan resignada...

—Yo creo que el palacio se quemó después que ella murió... ¿O fue antes?

—Me parece que no, Enrique... Me parece que el palacio se quemó... Ahora que lo pienso, no me acuerdo bien, pero para mí que fue en la guerra.

—Nosotros entramos por Durango —dijo Paulino— y

116

nunca llegamos al mar hasta que estuvimos en Bilbao. Yo creo que los que entraron por la costa...

—No lo sé —dijo Marcos—; siempre estuve en el frente de Madrid, Somosierra, el Jarama, la Casa de Campo... Los tres años.

Paulino se servía abundantemente. La doncella inclinó la bandeja para favorecerle con la salsa.

—Basta —ordenó Nieves—. Te vas a poner como un cebón. Si sigues engordando, verás cómo acabas. Luego no te quejes de la tensión ni hagas pamplinas.

—Déjale hija —dijo con dulzura la madre—. Déjale... De vez en cuando... Los hombres tienen que comer mucho; no son como nosotras que cualquier cosilla...

—Pero mamá, si pesa ochenta y tantos, y con la estatura que tiene va a parecer un queso de bola.

—¿Qué tal los niños? —preguntó Conchita a la doncella—. ¿Comen? ¿Son formales?

—Manolín es el único que no quiere comer.

—Dígale que, como no coma, voy a ir y le voy a dar unos azotes.

—Ya merendará —dijo la madre—. Antes de almorzar ha estado chupando un caramelo de palo, y eso le habrá quitado el apetito.

—Se lo tengo dicho al ama, que no quiero que les compre nada antes de comer; pero como si lloviera.

—Buen descanso tienes tú con el ama —dijo Nieves.

—No digo que no, pero también tiene sus manías, y cuando le da...

Se oyó un portazo. Alguien zanqueaba por el pasillo.

—¿Qué hora es? —preguntó el padre.

—Las dos y media exactamente —respondió Marcos.

—Es Pablo —dijo con alegría Conchita—. Hoy le he visto con su novia, pero se ha hecho el distraído.

—¿Qué noticia es esa? —se asombró la madre.

Crujía la tarima. Pablo silboteaba una melodía...; entreabrió la puerta y asomó la cabeza.

—Voy a lavarme las manos. Buen provecho y buenos días.

—Tardes —dijo el padre ásperamente, siseando la letra final.

Nieves y su madre se miraron para decirse su mutuo disgusto. El padre se refugió en los negocios y sus chismorreos.

—Me han contado que hay un descubierto en la Agrícola [25] de muchos miles de duros. Al parecer, no es oro todo lo que reluce.

—Se veía venir —explicó monótonamente Paulino— Quien quiere hacerse millonario en poco tiempo, malo. Para mí cuando alguien se monta en ese tren, malo. Yo lo había comentado en el Círculo y decían que no, que no, que si ahí había dinero de gente muy gorda, que sí en Madrid... Se veía venir como se ve lo del consuegro de don Rafael; ése se va a dar una bofetada pero que muy buena —sonrió regocijado—. Esos son los listos...

—Se la ha dado —afirmó Marcos—, y al parecer irremediable. Pero eso nunca fue una empresa de alto vuelo como la otra.

Pablo ocupó su sitio en la mesa. Enjugó con la servilleta la última humedad de las manos.

—¿Quién es esa chica tan guapetona? —preguntó Conchita—. ¿Por qué no me la has presentado? No vas a decir que no me has visto.

—Ya te la presentaré —dijo Pablo—. Cada día estás más guapa, hermana —miró a Nieves—. Y tú también, Nieves.

—¿Por qué no me la presentaste? —insistió Conchita.

—Llevábamos prisa.

—¿Tú prisa? —dijo la hermana mayor—. Tú, que nunca has tenido prisa, andas ahora con prisas.

—La comida, con estas horas que tienes de llegar, estará ya...

—No te preocupes, mamá —dijo Pablo.

—Ya sabes que los domingos comemos a las dos, y tu padre...

—Me he retrasado un poco, no es para tanto.

—Esa chica no es de aquí, ¿verdad? —preguntó Conchita.

---

[25] Descubierto en la Agrícola: Se refiere a una operación mercantil por encima de las posibilidades, en este caso en una cooperativa agrícola.

—No, es de Zamarra.

—¡Buen pueblo! —exclamó Nieves—. ¿Y esa qué pinta aquí?

—Está trabajando.

—¿De mecanógrafa o de dependienta? —preguntó irónicamente Nieves.

—¡Nieves! —dijo el padre alzando la voz.

—Era pura curiosidad —se disculpó Nieves—. Como cada mes le conozco una novia. La última peluquera; la anterior, la hija del portero de los Aguirre...

—¿Tiene eso algo de malo? —dijo Pablo iracundo— ¿O es que todas tienen que ser señoritas inútiles? ¿O es que un colegio de monjas cambia la sangre a las personas?

—Pablo, no saques los pies del tiesto —amenazó el padre—. Tu hermana no te ha dicho nada tan grave que te dé derecho a esa violencia.

—Come, hijo —sugirió la madre.

—Pues será lo que quiera, pero es muy guapa —dijo Conchita.

—Déjalo ya —sentenció el padre.

La conversación se parceló. El padre y sus yernos volvieron a los negocios. La madre y Nieves hablaron de la boda del mes. Conchita y Pablo se sonrieron, cómplices.

—El abuelo —dijo el padre— llegó a la ciudad casi con lo puesto y en veinte años levantó el negocio hasta donde está hoy. El padre del abuelo era un menos que modesto campesino, pero en lo que pudo le dio una educación.

—Pero aquellos tiempos eran otros tiempos, papá —dijo Nieves interviniendo—. Hoy no lo podría hacer nadie.

—Los negocios se llevan en la sangre —dijo Paulino— Voluntad y talento es lo que se necesita.

—¿Tú crees? —preguntó Nieves—. Tú, por ejemplo, si no hubieras trabajado en tu casa, ¿crees que sin la ayuda de nadie...?

—¿Y por qué no? —dijo el padre.

—Bueno, bueno, no digo que no. Pero las cosas, están hoy muy claras para todos y las clases sociales...

La sonrisa de Pablo fue advertida. Nieves timbró su voz en la ira y el desprecio:

—Como a ti todo te da igual. Para ti lo mismo es una que otra, ¿no?

—Todas son mujeres.

—No seas vulgar, hijito —dijo Nieves—. Aplícalo a tus amigas.

—No creas que tu hermana va tan desrazonada como tú crees —dijo el padre—. Las cosas están como están por alguna razón.

Marcos y Paulino asentían con movimientos de cabeza. La madre reconocía en el padre sutiles argumentos de posición social, dinero, honradez y buenas costumbres.

—No todos somos iguales —dijo el padre—. Aunque lo debiéramos ser; pero ya la vida te enseñará y no vas a venir tú a reformar la vida. Lo demás son ideas anarquistas que para nada valen. ¿Es que tu madre es igual a una verdulera o tus hermanas iguales que cualquier muchacha, que será todo lo honrada que quieras, pero que...? Hay una cultura, una educación: eso es lo que hace al hombre o a la mujer. Y eso no se puede saltar, como tú piensas.

El padre se enjugó las manos en la servilleta y terminó:

—Y vamos a dejarlo. Piensa lo que quieras, pero para ti. No vamos a tener todos los domingos un altercado.

El padre se levantó de la mesa para ir a ver a sus nietos. Cuando salió del comedor, la madre dijo:

—Has disgustado a tu padre, Pablo, y no le debes dar disgustos. No está bien de salud y no lo debes hacer.

—Lo siento mamá. Yo no había comenzado esta discusión.

Nieves tenía la mirada brillante y sonreía.

—Yo no he dicho nada que te pudiera ofender —dijo Nieves—. Yo he dicho lo que creo que es la verdad. No contra ti; tienes una susceptibilidad...

—Bien. No quiero discutir.

—Ves cómo te pones en seguida.

Paulino hizo un ademán indicando silencio a su mujer.

—Tú sabrás —terminó Nieves.

Pablo dobló la servilleta y se levantó de la mesa.

—Voy a mi cuarto —dijo a su madre.

Su salida se respetó con un silencio.

—¿Y es guapa la chica? —preguntó la madre.

—Monilla —dijo Nieves.

—Es muy guapa —afirmó Conchita.

Nieves enarcó las cejas en un gesto suficiente.

—Es una pena, una pena que Pablo no sirva para el negocio —dijo la madre ensimismada—. Si por lo menos fuera algo... Si le hubiéramos dejado estudiar... Este hijo, este hijo...

—No te preocupes mamá —hizo el consuelo Nieves—. ¡Qué se le va a hacer! A ver si encuentra algo que le guste y se arregla. Además, es probable que no hubiera servido para estudiar.

—Sí, sí, hija mía, pero...

—En todas las familias hay un garbanzo negro, mamá. Ayer me encontré con la de Alegría; pues su hermano, lo mismo que Pablo. Yo ni sé por dónde anda. Lo colocaron en una empresa de Logroño y les alborotó a los obreros. Luego fue a Madrid. En fin, una alhaja. Menos mal que a Pablo no le ha dado revolucionaria.

—Me acuerdo yo —dijo Paulino— que había en el colegio un muchacho muy inteligente y que parecía que iba a triunfar en la vida en cualquier cosa que hiciera. Se llamaba Gálvez, Francisco Gálvez Ugarte. Bueno, pues me lo encontré en Bilbao de cobrador. Me hice el desentendido para no preguntarle nada. Allá cada uno.

—No se sabe, no se sabe cómo acertar —dijo la madre.

—A unos, la guerra; a otros, que en la casa no había mano dura; a otros, que no servían, que eran muy inteligentes, pero que no servían para la vida... —Paulino descifraba los enigmas de los éxitos...— Porque hay quien sirve para estudiar y no sirve para la vida. Y la vida es la que manda. Todos esos de los que dicen que tienen muy buenas cabezas, tate; luego, igual dan el petardazo y a la cuneta. Más de uno conozco yo que daría bastante por estar detrás de un mostrador propio, y están por ahí pasándoselas negras.

121

—A los Amézcoa les dio un buen disgusto uno de los hermanos —dijo Nieves—. Aquel se casó con una chica de bar. Un escándalo. ¿Tú te acuerdas, Conchita?

La calle se poblaba de ruidos. Tintineaban los colgantes de la araña y transitaban por el techo colores, sombras guiñantes y luces agrias.

—¿Qué hora es ya? —preguntó Conchita.

—Las tres —respondió Marcos.

—Hay que prepararse, que el partido comienza a y media. Hay que darse prisa.

—¿Habéis traído coche?—preguntó Marcos a Paulino.

—Os llevamos nosotros —dijo Conchita.

—Os tenéis que dar prisa —dijo la madre.

1961.

Los bisoñés de don Ramón [26]

Él era rubito, gordito, culoncito. Su madre era muy buena cristiana y su padre muy trabajador. Se llamaba Ramón Martínez García, aunque familiarmente lo disminuyesen con un apodo que sonaba a batería de cocina; en la casa le decían el señorito Cuchín.

Cuchín, en el colegio, sacaba las mejores notas. Nunca participó en los bruscos juegos de los compañeros de menor talla intelectual, que, greñudos y sucios, arrastraban con ellos un aroma especial hecho de sudorcillo, tinta, lapiceros recién afilados y palo de regaliz. Cuando llegó el tiempo de hacer la primera comunión fue elegido para el rezo de presentación.

Su madre, aquel día, fue una isla de felicidad rodeada de enhorabuenas. Enarcaba el busto y mostraba, pechugona, el canal de los senos sobre el que pendía una cruz de oro y pequeños brillantes. Transpiraba vanidad de pavota en su sofoco burgués.

El niño fue creciendo. Muchas veces, cuando llegaban visitas de importancia, la madre le llamaba para que luciese sus habilidades. Si Cuchín estaba estudiando, ella contaba, gordeando el habla:

—Sabes, María, a Cuchín le hemos puesto estudio. Un muchacho tan estudioso como él merece los sacrificios de los padres.

---

[26] Título inicial: Los bisoñés de don Ramón Martínez, secretario, *Juventud,* 7 de junio 1951.

Cuando Cuchín no estudiaba era llamado al cuarto de estar para que declamase.

—Vamos a ver, Cuchín —decía su mamá—, recítanos esa fábula tan bonita que has aprendido en el colegio esta semana.

Y el niño se subía encima de una silla, sin más, y comenzaba, engolado como un sermoneador malo:

> Admiróse un portugués
> de ver que en su tierna infancia
> todos los niños de Francia...

Las visitas se hacían lenguas de la inteligencia de Cuchín, y aconsejaban, aparatosas y picaruelas:

—¡Qué bien, qué bien! No estudies tanto, Cuchín, que te vas a quedar calvo.

Luego le sometían a un interrogatorio, al que contestaba con enérgica precisión.

—Cuchín, ¿y tú qué vas a ser?

—Ministro, señora.

—Pero ¿no te gustaría más ser ingeniero, por ejemplo?

—No, señora. Yo seré ministro.

Una de ellas, que tenía un hijo que quería ser bombero y otro revisador de contadores, se asombraba y, luego, picada por el niño, le preguntaba, buscándole las cosquillas.

—Pero ¿no te parece que es muy difícil, Cuchín?

—No, señora.

E intervenía la madre del genio sonriendo de la contestación de su vástago.

—Mira, Josefina, cuando el niño lo dice es que lo será. ¡Menuda cabeza tiene! El profesor de matemáticas, que ya sabes que es lo principal, me dijo el otro día, cuando fui a pagar la cuenta del colegio: «Señora, bien puede usted estar orgullosa de su hijo. Ha aprendido las cuatro reglas con gran facilidad, lo que a otro le cuesta cinco, a él le cuesta uno.»

La visita asentía con la cabeza, entre crédula y dudosa.

A última hora llegaba el padre de la oficina, frotándose las manos y sonriendo becerril. Después de saludar, preguntaba:

—¿Y Cuchín, dónde está?

—Estudiando, Marcelo.

—Anda, dile que venga.

La madre hacía un gesto pomposo llamando a la criada.

—Serafina, Serafina.

Aparecía la sirvienta.

—Diga, señora.

—Haz el favor de decir al señorito Cuchín que su padre está aquí, que traiga la carpeta de deberes.

El niño modosito y solemne, besaba en ambas mejillas a su progenitor, que tenía la tripa a punto de reventar, como una sandía madura.

—Vamos a ver, ¿qué te han puesto hoy?

—Cinco cuentas, papá, y la provincia de Gerona.

—No digas cuentas, hijo mío, acostúmbrate a llamarlas operaciones. ¿Te sabes ya la provincia de Gerona?

—Y todo Cataluña, papá.

—Muy bien. Esto es trabajo adelantado. Para ser un hombre de provecho hace falta trabajar. Toma ejemplo de tu padre, que no era nada, y ya ves: jefe de negociado de primera, y, todavía, joven.

Interrumpía la visita:

—Y tan joven que estás, Marcelo.

—Gracias, Josefina.

Don Marcelo comenzaba a tomar la lección al genio:

—Afluentes del...

Pam, pam, pam. Se los decía todos. La visita se aburría, la visita se despedía, la visita se marchaba llena de celos y rabia hacia la casa. Los niños de la visita pagaban aquella noche los conocimientos geográficos y matemáticos de Cuchín: soplamocos y a la cama sin cenar.

* * *

Cuchín fue creciendo en sabiduría, aunque no demasiado en estatura, puesto que arrastraba un algo las posaderas por el entarimado. Acabó el bachiller con sobresalientes. Acabó su carrera de Derecho con notables y se afilió a un partido político moderado, aburrido, triste y feo. Cuchín daba jabón a su jefe:

—Don Francisco, muy bueno su editorial de hoy. ¡Qué nervio, don Francisco! Don Francisco, así acaba usted con la oposición en un mes. Don Francisco, esta noche tenemos fiesta en mi casa, ¿podrá usted acudir? Mire, don Francisco, que la fiesta es en su honor.

—Sí, Ramón, iré, pero sólo un momento. Ya sabes lo que es esto.

—Sí, don Francisco, hay que sacrificarse por la patria.

Cambiaban de tema para hablar de toros.

Don Francisco acudió a la fiesta que en su honor daba la familia de Ramón.

La madre invitó a lo mejor de lo mejor. Había muchas señoras, muchas que no lo eran tanto y bastantes de pega.

—Ramón, don Francisco sube por las escaleras.

—Ahora voy, mamá.

—Date prisa que ya está aquí.

Se abría la puerta. Un criado alquilón [27] cogía el sombrero y el bastón de don Francisco. Ramón le ayudaba a quitarse la capa.

—Este mayo..., hace frío todavía.

—Sí, don Francisco. Ahora voy a permitirme presentarle a mis padres.

—Encantado, señora. Mucho gusto, caballero. Tienen ustedes una alhaja de hijo. Un chico que llegará lejos, muy lejos.

—Y que lo diga usted, don Francisco.

Ramón se puso colorado por aquella salida. Don Francisco sonrió. El gran hombre se estiró el lazo y penetró acompañado de la señora de la casa en el salón.

En el salón había como un vago rumor de corriente admirativa que hacía enarcar el pecho al político.

Una señorita comenzó a tocar una cosa de Chopin en el piano. Los comentarios se reducían a ella, porque era elegante hacerlo. Algún caballero disimulaba un bostezo.

La señora de la casa, pegada al político, se ponía pelmaza de tanto ofrecerle.

—¿Una copa de champán, don Francisco?

---

[27] Alquilón: Despectivo, alquiladizo.

—Gracias, señora.

—No hay de qué darlas. ¿De modo que mi querido Cuchín es muy trabajador y le hace a usted un gran papel?

—Mucho, señora.

El político variaba la conversación.

—Dígame, ¿quién es esa joven tan encantadora que toca a Mozart?

Entonces, finamente, la señora le explicaba:

—Es la hija de un subalterno de mi marido, don Francisco.

Y arreglaba la coladura delicadamente, como si fuera un traje de noche pasado de moda.

—Con Chopin en los dedos es una maravilla, ¿no le parece a usted?

El político arrugaba el entrecejo y se ponía serio. Cuchín se acercaba servicial a don Francisco:

—¿Qué tal, se divierte?

—Mucho, Ramón, pero tengo que ausentarme, con gran sentimiento, desde luego.

Don Francisco se levantó cuando la señorita, hija de un subalterno del papá de Ramón, terminó de desafinar el piano. En la puerta, con la capa puesta y el sombrero y el bastón en la mano, reverenció a la señora de la casa:

—Una fiesta deliciosa. He pasado una magnífica velada. Buenas noches, señora; buenas noches, caballero. Hasta mañana, Ramón.

El niño Ramón estaba hecho una furia. Se acercó a su madre en el pasillo:

—¿Qué le has dicho, mamá, para que se haya ido tan temprano?

—Nada, hijo.

—Tú le has dicho algo. Tú has metido la pata.

—¡Pero qué maneras son ésas, hijo! —terciaba el padre.

—Se ha ido, y yo esperaba tanto de esta fiesta.

—Cálmate, otra vez será.

La ausencia de los dueños de la casa se empezó a notar. La madre, conteniendo un suspiro, se adentró en el salón. Instantes después entró el padre. Ramón se metió en su habitación como en una madriguera, con los hombros caídos y casi arrastrándose de puro disgusto.

—¿Y Cuchín? —preguntó la señorita del piano.

—Ha tenido que salir para algo urgente.

* * *

Cuchín poco a poco se fue quedando calvo. Primero se le hicieron unas entradas grandes como bahías. Después, el tiempo lo tonsuró. Un noviembre, cuando ya contaba cuarenta y pico de años, se murió su padre. Se quedó solo con su mamá, que ya tenía el pelo blanco y brillante como un duro. Cuchín no se había casado; despreciaba a las mujeres. Era ya secretario de no se sabe qué en un Ministerio. Hacía la ronda a lo que se propuso alcanzar desde niño. La cabeza la tenía igual que el culito de una criatura.

La madre de Cuchín visitaba la cocina.

—Serafina, la sopa, templada. Ya sabes que el señorito no aguanta el calor. Ten cuidado con los empanados. Ya sabes, poca harina. El vino, fresco, sin que esté helado.

—Sí, señora.

—¡Ah!, y dile a Aurelia que no se perfume demasiado para servir la mesa. Pone un insoportable olor a pachulí[28] que le quita el apetito al señorito.

Luego se marchaba al cuarto de estar a dormitar, esperando la llegada del hijo.

Cuchín llegaba siempre tarde, en un coche discreto. Besaba a su madre.

—¿Qué tal, mamá?

—Bien. ¿Y tú, hijo mío?

—Mucho trabajo. Este año es agotador. Zascandileando de aquí para allá. Funerales por no sé quién. Firmas. Estoy hecho la cusca.

Se iban a comer. Comían el uno frente al otro, serios, taciturnos. La madre daba órdenes a la sirvienta:

—Cámbiale el plato. Por ahí no, Aurelia. ¿Cuántas veces te lo tengo que decir?

---

[28] Perfume extraído del arbusto *patchouli*, de origen indostánico.

—Sí, señora.

Después de comer, Cuchín se echaba un rato. A las cinco desaparecía.

Algunos días volvía a cenar; la mayoría regresaba de madrugada. Su madre optó por no esperarle.

Un día, revolviendo en los cajones de su hijo, se encontró con una sorpresa desagradable. Cuchín, su niño Cuchín, poseía tres bisoñés. La madre se asustó. No sabía qué pensar. Llamó a Serafina. La vieja sirvienta se quedó muda. Después se recobró.

—Yo creo, señora, que el señorito está todavía joven y querrá presumir, ¿no le parece?

—¿Presumir mi Cuchín? No puede ser. Esto es algo peor.

—Pero ya es mayorcito. Será que de vez en cuando echa una cana al aire.

—¿Una cana al aire? Cierra esa boca de infierno. Llama a Aurelia y vamos a rezar el rosario.

—Señora, Aurelia ha salido con su novio.

—Pues quítate el delantal y vente a rezar.

—Señora, tengo que planchar las camisas del señorito; si no, se va a enfadar.

—Pues que se enfade, que más lo estoy yo.

Pasaba el tiempo. Llegó la hora de cenar. La madre esperó en balde la llegada de su Cuchín: la madre no probó bocado. Serafina la instaba.

—Coma, señora, y olvídese; igual es que el señorito tiene novia.

—¿Novia, Serafina? Cuchín no tiene más novia que su madre, y se acabó. ¿Una novia mi hijito? Márchate, Serafina, que voy a tener que llorar.

A las dos de la mañana llegó Cuchín. Traía una mustia flor en el ojal, los ojos turbios, la memoria débil y un bisoñé torcido, de medio lado, casi ridículo, casi chulón. El bisoñé era rubio. Se fue de puntillas, silbando por lo bajo, hacia su habitación. Encendió la luz y creyó que veía visiones. Su madre, en bata y con la cabeza llena de bigudíes [29], le estaba esperando sentada sobre la cama.

---

[29] Bigudíes: Laminitas de plomo, forradas de tela que usaban las mujeres para rizarse el cabello.

—Buenas noches, mamá.

Por primera vez en su vida ella dejó de tratarlo como a un niño y de llamarle Cuchín.

—Ramón, no te comprendo.

—¿No, mamá?

—¿Qué quieres decir con «no, mamá»?

La escena era de una extrema tirantez. Cuchín se fue quitando lentamente el abrigo. Su madre se espantó.

—¡Una flor! ¿De dónde vendrás? ¡Oh! ¡Y carmín! carmín en el cuello.

—¿Dónde? —preguntó Cuchín.

—En el lado derecho.

Cuchín se pasó el pañuelo. Lo miró y, divertidamente, dijo:

—Anda, pues es verdad.

—Y tan verdad.

Se hizo de nuevo el silencio. Cuchín se quitó un zapato con mucha dificultad, forcejando lamentablemente.

—¡Cómo vienes, Ramón! Si tu padre te viera. Nunca pensé que pudieras haber caído tan bajo...

—Mamá, yo creo que tengo edad...

—Sois todos iguales. Iguales. Y yo que creí que tenía una joya. Tú no sabes el daño que me has hecho. Además, ¿no te das cuenta del escándalo que estás dando?

—No, mamá.

Desabridamente, la madre respondió:

—Deja de hacerte el ingenuo Ramón. No vas a hacerme creer que eres tonto y que no te enteras.

La vieja estaba envarada, tremenda, en su papelón de juez.

—¿Y los bisoñés? ¿Para qué los tienes si no para golfear?

—Mira, mamá, es que estar tan calvo como yo no es agradable.

—Pero es digno. Tu padre estaba calvo de tanto pensar. De tanto pensar en ti, no lo olvides.

—Mamá, eso es ridículo —se manifestaba Ramón.

—¿Ridículo? No te conozco, Ramón. ¿Y tú? ¿Tú no te quedaste calvo de trabajar honradamente? ¿Y ahora cómo vienes? Como una mujerzuela, ¿me oyes? Con postizos y añadiduras para tus harto desgraciadas juergas.

—En el sentido estricto no son juergas, mamá, es desesperación.

—¿Desesperación?

—Cuchín alzó el gallo y se manifestó con un gran mimo:

—Sí, desesperación; porque yo ya no tengo porvenir, porque yo ya no puedo llegar a más. Madre, madre mía, porque todos mis sueños se han deshecho y yo nunca llegaré a ministro.

La madre se enterneció.

—Me lo debías haber dicho antes.

—Sí, mamá, perdóname. Yo nunca llegaré a ministro.

La madre tuvo un arrebato de emoción.

Cuchín, con soflama, humillaba el gesto.

—Mamá, ¿me perdonas?

—Sí, Ramón.

—Un hombre necesita de vez en cuando divertirse.

—Sí, Ramón.

Y la madre confesó la falta del progenitor de Cuchín, disculpando a su hijo.

—Tu difunto padre, que Dios tenga en su gloria, también de vez en cuando echaba su canita al aire.

Y la madre ayudó a su niño a quitarse el zapato. Después, llena de majestad, se fue hacia su habitación. El secretario, picarescamente, se miraba al espejo, quitándose el bisoñé. Se hacía muecas. Era un farsante y podía hacer carrera.

1951.

Aldecoa se burla

Había viajado hasta el agotamiento. Tal vez cinco mil millas en veintitrés minutos. Seguramente sonaría la campana de un momento a otro. La mosca se posó en el dorso de su mano izquierda. Fue necesario que se explicase la involuntariedad de su acción. ¿No ocurre a veces que uno sorprende a su cabeza haciendo movimientos extraños? La mano que furtivamente había dejado el rayo de sol por la mosca no dependía de él. Había partido de golpe sin darle tiempo a soplar, sin poder ayudar al insecto, sin siquiera permitirle abrir un paréntesis, un oasis entre el largo viaje mental por el viejo atlas y su disposición de ánimo para el recreo. Pero ya era un hecho y miró en el tintero. La mosca estaba a punto de morir. Entonces la ayudó con la plumilla. La depositó en el rojo secante y la empujó suavemente. Sin levantar la cabeza murmuró:

—¿Cuánto falta aún?

Alguien que tenía reloj respondió:

—Cuatro minutos. Hoy hay que elegir nuevo equipo porque vosotros tenéis demasiada ventaja. ¿Eh, Alde?

La mosca había andado un centímetro. Lo más parecido a una mosca mojada de tinta es un monito charlatán cuando hace frío y nadie se para a escuchar al terapeuta del Bálsamo Indo do Brazil y a echarle cacahuetes a su espeluznada atracción. Medio centímetro más y habría que sacrificarla de un arponazo. O mejor dejarla agonizante sobre la pista barnizada del pupitre, por si resucitaba como Lázaro y se quedaba dorada con el polvillo de la anilina.

Don Amadeo oía la salmodia de los ríos de la Península Ibérica moviendo la cabeza y pinchando, con la afilada punta de su lápiz, motas de caspa en las tapas de hule de su cuadernillo de anotaciones. ¿Cuál sería el segundo apellido de don Amadeo? No se sabía. Un profesor propiamente no tenía más que un nombre. El primer apellido le servía para firmar las calificaciones trimestrales. El segundo lo ocultaba celosamente. Si él, por ejemplo, se llamaba Ignacio Aldecoa Isasi lo tenía que poner en todos los ejercicios, como si se hubiese llamado Pedro Rodríguez Bustamante. ¡Qué cosas! Él tenía catorce años, el profesor muchos; él era el señor Aldecoa para el profesor, y para él el profesor era don Amadeo; pero el profesor sabía sus dos apellidos y él no sabía más que uno del profesor y nunca se hubiera atrevido a llamarle don Amadeo Echecalde, porque hubiese sido como ofenderle.

El compañero encargado de tocar la campana se levantó de su asiento y se fue acompañado de un suspiro colectivo a pedir permiso a don Amadeo para bajar al patio. Al verlo acercarse don Amadeo hizo una inclinación de cabeza dando su conformidad. Llevaba ya un cuarto de hora con ganas de fumar y deseaba que fuese la hora para irse al estudio de profesores a echar un cigarrillo con su amigo don Fulgencio. Lo sabían todos en la clase; por eso Aldecoa se sonrió mirando a don Amadeo, y don Amadeo se percató de la sonrisa e hizo un ademán al que recitaba los afluentes del Tajo por la derecha, para que se callase.

134

—¿De qué se ríe usted, señor Aldecoa? —preguntó furiosamente.

Aquél no era un señor de ordenanza, era un señor sarcástico y rabioso, un señor para echarse a temblar. Aldecoa se levantó a responder:

—De nada, don Amadeo.

—¿De nada? —preguntó con acritud don Amadeo—. ¿Es que me quiere decir usted que se ríe de nada? ¿Es usted tonto? ¿No lo es? Claro que no lo es. Usted lleva mucho tiempo burlándose de mí, y de mí no se burla... —se calló a tiempo—. Usted se burla demasiado y al que se burla demasiado ya sé yo cómo arreglarlo —hizo una pausa—. ¿De qué se reía usted?

Don Amadeo quería a toda costa que sus castigos tuvieran cierto aire legal. No se podía castigar a un muchacho porque se sonriese tontamente; se le llamaba tonto, y adelante; pero aquel Aldecoa no se reía tontamente, se reía malignamente.

El muchacho fijó los ojos en la nuca del compañero del pupitre anterior al suyo, que era el único que no se había vuelto a mirarle. No se hubiera vuelto aunque a sus espaldas hubiese sucedido una maravillosa invasión de chicas del colegio femenino cercano, que era lo que estaba pensando un momento antes de que don Amadeo se tornase iracundo. Volverse en aquellas condiciones era hacerse un poco copartícipe de la burla de Aldecoa y de su riesgo.

—Es que éste —señaló Aldecoa con el dedo la nuca temerosa— tenía en el cuello algo que hacía sonreír.

La campana del patio daba un sonido muy alegre. Sobre los cristales de alguna ventana las hojas de los castaños de Indias movilizaban sus sombras. De los pasillos llegaba el rebullir de los colegiales que se trasladaban a los estudios. Los compañeros se sentían inquietos. Aldecoa les estaba robando minutos de recreo. El compañerismo prohibía armar un escándalo como aquél en lo que ya era recreo. Aldecoa había tenido una hora completa para hostigar con sus sonrisas a don Amadeo y se le ocurría hacerlo en el preciso momento en que la clase terminaba. Don Amadeo sentía que su distribución del tiempo, de la media hora de recreo, le había fallado. Tenía que continuar.

—No tengo ninguna prisa —dijo—. Usted, señor Aldecoa, dirá cuando quiera de qué se reía. A mí me da lo mismo estar aquí un cuarto de hora que todo el recreo. Sus compañeros son los que van a perder por usted —y añadió cruelmente—: Cuando se es un hombre resulta que el valor es la primera virtud, ¿no es verdad?

Aldecoa sintió un escalofrío. Calculó su valor. Se estaban poniendo las cosas muy mal. Los primeros de la clase le miraban con desprecio. Ellos no solían jugar en el recreo de modo que no comprendía por qué se preocupaban. Los primeros nunca juegan en los recreos; pasean con los profesores hablando de temas importantes, procurando hacerse los listos y los simpáticos, atendiendo a las aburridas bromas de los prefectos. Aldecoa comprobó que aquella tarde no andaba bien de valor. Si hubiera estado como otras veces... Pero ¡todo el mundo tiene una mala tarde!

Habían pasado siete minutos desde el toque de campana. Don Amadeo, por hacer algo, seguía preguntando afluentes. De vez en vez se dirigía al muchacho:

—Cuando usted quiera.

Aldecoa miraba sus sucias botas. Una de ellas, con la suela despegada de equivocar la pelota y las piedras, sonreía ampliamente. Menudo cobarde le debía parecer el sucio, el orejudo, el atemorizado Aldecoa.

—¿Quién habla ahí? —gritó don Amadeo—. De manera que usted, encima de fastidiarnos a todos, encima de comportarse como un caballero sin honor, todavía hace bromas, continúa burlándose. Bien. Durante siete domingos vendrá por las tardes castigado de cuatro a ocho. Durante cuatro semanas saldrá del colegio una hora después que sus compañeros y me copiará mil quinientas veces con una hermosa caligrafía lo siguiente... Tome nota: Me gusta burlarme y no soy un caballero, punto. Los que no son caballeros pertenecen al arroyo, punto. El arroyo es, por tanto, el lugar más adecuado para mí, punto final.

Aldecoa tomó fielmente nota del silogismo y comenzó

a calcularlo en Bárbara [30]. De pronto se sonrió involuntariamente. Don Amadeo no le quitaba ojo. Habían pasado diez minutos. Algunos compañeros daban el recreo por totalmente perdido y dibujaban filosóficamente muñecos descarnados en las márgenes de las páginas de los libros. Los primeros de la clase movían las cabezas como asintiendo a lo que decía don Amadeo.

—Evidentemente —dijo el profesor— no es cosa que yo pueda arreglar. Considere usted que aparte de esto que antes le he dicho, iremos a ver al señor director para que él tome las medidas oportunas. Recapacite y verá que si bien usted reacciona como una gaviota y no le moja lo que se le dice, sus asuntos pueden empeorar de tal manera que se vea, acaso, con el curso pendiente de un hilo. Perder un curso puede que no signifique nada para usted, pero sus padres, que no tienen culpa del carácter de usted, supongo, y creo suponer bien, que opinarán de otra forma. ¿No es así?

Siempre que estaba mucho de pie y quieto le dolían las plantas. Descansó sobre la pierna derecha y alzó levemente el pie izquierdo. Se propuso contestar a lo que le había preguntado don Amadeo. Se decidió.

—Don Amadeo —dijo titubeante—, yo me reía de que usted fuma en los recreos en...

Don Amadeo serenamente le interrumpió:

—Ya no me interesa de qué se reía usted al principio. Ahora me interesa saber de qué se ríe usted frecuentemente. ¿Se ríe usted del colegio? ¿Se ríe usted de sus compañeros? ¿Se ríe usted de todos los profesores, uno por uno? ¿Se ríe usted de la patria, de lo que la patria le da para que se haga usted un hombre de provecho, un hombre útil a la nación?

Faltaban siete minutos para que acabase el recreo. Quedaban pocos compañeros de Aldecoa que mantuvieran algún rencor. El recreo ya no tenía remedio y el duelo entre el profesor y el alumno se estaba complicando de una manera agradable. Se habían equivocado. No era un al-

---

[30] Bárbara: Tipo de silogismo en el que las tres proposiciones son universales.

137

tercado vulgar con castigos molestos pero poco importantes. Parecía que de allí iba a segregarse una expulsión en toda la regla. Aldecoa se había burlado de todo, de TODO con mayúsculas. Si hubiera tenido siete años más hubiera sido causa de fusilamiento instantáneo, pero en aquellas circunstancias se podía esperar muy fundadamente la pérdida de curso o la expulsión del colegio.

Los primeros de la clase comenzaban a mirarle con pena. Los mediocres con indiferencia: eran los más egoístas. Los compañeros con los que disputaba los últimos puestos eran ya, lo notaba, solidarios suyos.

Don Amadeo miraba su libreta de notas donde hacía rápidas apuntaciones. En la clase había· como un felino recogerse de los alumnos; los unos con cierto mimo para sus personas; los otros con una preparación de salto y de esperanza.

Sonó la campana por primera vez. Algún compañero ocasional la había tañido al notar el prefecto la ausencia del compañero de Aldecoa, que estaba allí tras de su regreso, olvidado de sus funciones, mirándole con unos ojos muy abiertos mientras se rascaba unas pupas en la frente.

Don Amadeo cerró la libreta de anotaciones y colocó las manos sobre ella.

—Ordenadamente —dijo— pueden bajar al patio a hacer sus necesidades. Usted, Aldecoa, se queda.

La clase se despobló en un momento. Quedaron los dos solos.

—He pensado —explicó don Amadeo— hacer con usted un escarmiento ejemplar. Me resisto a creer que usted sea tan mala persona como aparenta. Estoy por decir que confiaba que usted abandonase alguna vez su —ironizó— tan querido último puesto. Por tanto...

Aldecoa iba ganando valor. Lo sentía ascender por las venas, por los nervios. Podía medirse con don Amadeo.

—Por tanto, considérese suspendido en mis asignaturas —añadió levantándose del asiento y dirigiéndose hacia la puerta—. Necesitará puntuar mucho en otras disciplinas para poder salvar el curso.

Don Amadeo se encontraba al lado de la puerta. Aldecoa se sonrió y dijo con voz clara:

138

—Muchas gracias, don Amadeo.

Don Amadeo le miró por encima del hombro. Había abierto la puerta. Habló recreándose en la palabra:

—Gol fe te.

Y dio un portazo. Aldecoa miró al suelo e hizo pasar su suela despegada, doblándola en una desmandibulada risa sobre la sucia tarima.

Sonaba otra vez la campana. El recreo había terminado. En los patios se hizo el silencio. Por los pasillos había un rumoreo de arroyo.

1955.

Los condenados

Los pozos

—Todos los ayuntamientos de pueblo huelen a muerto...

Contemplaba el muro blanquiañil. Sobre los pajizos ladrillos del rodapié, la humedad había festoneado una diminuta y crepuscular serranía plomiza hasta el perfil oriniento, elevada en agujas o en llamas por los dos rincones. La faja del rodapié era rastrojo, comienzo de tierra paniega.

—... un tufo que da mal sabor de boca y que no te lo saca la cazalla.

El espectro de paisaje se borró sobre el muro. Las palabras enturbiaban la imaginación y sintió que la serranía en sombra, con el sol elevándose u ocultándose tras de ella se iba sedimentando en simples manchas de humedad. Ya no había cielo blanquiañil, ni crepúsculo, ni montaña, ni tierra de campos. Estaba sentado. Del respaldo de la silla colgaban sus pantalones y de un clavo de la puerta su chaqueta. Dobló la cintura y comenzó a frotarse suavemente las piernas, cubiertas con medias rojas. Luego se calzó las zapatillas, que habían perdido su negro azabache y parecían sucias y estaban despellejadas por las puntas.

—... un ansia de vomitar y encima amolado con las piernas. Con varices no se puede correr bien...

Por un ventanuco miraba al patio el Chato la Nava, distraído, deslumbrado por el espejeo del sol en la albura de la fachada frontera; rumorosos los oídos del monólogo de su compañero. Fumaba y expelía el humo con fuerza, dándole tiemblo de azogue a una iluminada telaraña.

—¿Tú sabes lo que es bueno, Perucho? —dijo lentamente—. Quedarse en casa. Ni ansias, ni varices, ni canguelo; sopa de ajo.

—Y me pasas una renta para vicios —añadió desabrido Perucho.

—Yo te digo lo que es bueno —volvió la cabeza hasta el punto en que su perfil fosco, tosco, morrosco, quedó recortado en el chorro de luz—. Si no lo puedes hacer te fastidias, que hay quien lo hace y engorda.

Perucho hizo un gesto de desesperanza. Se levantó de la silla. El asiento de adornos barrocos tenía un agujero en medio, con flecos de cartón.

El Chato la Nava se pasó despaciosamente una mano por las sucias barbas de dos días y se apartó del ventano.

—¿Qué piensas? —dijo Perucho.

El Chato la Nava guardó una pausa antes de responder:

—Que no huelen a muerto, Perucho, que huelen a gallinas...

Perucho fue hacia la puerta. De su chaqueta cogió un paquete de cigarrillos. Dijo:

—Todos los ayuntamientos de pueblo huelen a muerto y las sacristías también.

El Chato la Nava tenía los faldones de la camisa por encima del pantalón.

—¿A que no te has vestido nunca en una sacristía? —preguntó Perucho.

—Yo me he vestido en muchos sitios. En todos los sitios que tú quieras.

—Pero no en una sacristía.

—En una sacristía, no; pero me he vestido en una cuadra con mulos zainos [31], y en un carro andando, y debajo de un puente, y en un rincón tras de una sobrecama en la plaza Mayor de un pueblo, y bajo un tendido viendo las pantorras a las mujeres, y donde tú me digas..., y en las afueras, en el campo...

—Pues las sacristías huelen a fiambre como esto. A un fiambre que se lo han llevado hace un rato. Un olor como

[31] Zaino: De color castaño oscuro, cuando se aplica a las caballerías.

144

a polvo meado, a papelotes, a ropa sucia... Yo sé lo que me digo... Como esto, como esto y que se te pega...

El matador Antonio Abanales, llamado el «Migas», estaba viendo el fundón de las espadas. Un fundón viejo que tenía repujado un nombre que no era el suyo y mostraba en la tapa de la cartera la huella rectangular de la chapa de propiedad de su antiguo dueño.

—Acaba ya —dijo el matador—. Mira que tienes gusto, mira que se te ocurren ideas...

Por el ventanuco entraba mucha luz. Del alto techo colgaba una bombilla encendida. En el fondo de la habitación estaban amontonados pupitres y bancos rotos y palos de banderas y una monstruosa cabeza de cartón y varios escudos de madera pintados de azul celeste con la Virgen descalza sobre el filo de una media luna navajera ornada de estrellas.

—Este traje me tira —afirmó Perucho después de un largo silencio— y voy a tener que descoserlo por la entrepierna.

—¿Dónde se ha ido Pepe? —preguntó el matador.

—A llenar el botijo —respondió Perucho, y continuó quejándose—: He engordado, que también perjudica a las varices. Un día tengo un disgusto...

—No puedo matar con ellos... —dijo Abanales probando los estoques—. Pero ¿a quién se le ocurre...? Son de alambre. Buscadme a Pepe... No sirven... Buscadme a ese tío...

Al Chato la Nava le llegaban los calzoncillos a las corvas. Estaba de espaldas a sus compañeros preparando su traje. Desde el omoplato derecho hasta la cintura le culebreaba una cicatriz blancuzca, con relieves de zurcimiento malo. Se volvió hacia el matador. Tenía el pecho ancho y velludo, con un lucero de canas sobre el esternón. Sostenía cuidadosamente la taleguilla entre sus manos. De sus brazos podían proliferar brazos; eran como dos ramas, largos, nudosos, fuertes y sombreadores. Las delgadas piernas, un poco zambas, parecían estar unidas de un modo artificial a los pies; pies de alpargatas y abarcas, cuerudos, aplastados, firmemente puestos sobre la tierra.

145

—Me estoy vistiendo —dijo el Chato la Nava.

Perucho abrió la puerta y gritó:

—Pepe, venga ya...

—¿Pasa algo? —dijo acercándose un empleado del Ayuntamiento vestido de domingo y con gorra de plato gris con un galoncillo—. ¿Queréis algo?

—Tráete al mozo de espadas que ha ido a llenar el botijo.

—Estará en la taberna.

—Estará.

—¿Y si no está?

—Lo buscas. Que venga inmediatamente.

—Estará viendo el ganado.

—Estará.

Perucho cerró la puerta.

—Se me ha guardado diez duros... —dijo el matador—. Por diez cochinos duros ése es capaz de vender a su madre...

El Chato la Nava, con la taleguilla puesta, se acercó a su matador.

—Déjame —cogió uno de los estoques y lo probó contra la puerta haciendo un poco de fuerza—. No están mal, no te quejes, no son alambre, puedes matar un elefante.

—Por diez cochinos duros... —dijo el matador.

—Ten tranquilidad —habló reposadamente el Chato la Nava—. Esto se despacha en seguida.

—¿Qué hora es?

—Falta poco.

—¿Serán las cinco y cuarto?

—Por ahí.

Entró el mozo de estoques, seguido del empleado del Ayuntamiento.

—Daos prisa. El alcalde dice que hay que empezar ahora mismo, que el señor marqués se tiene que marchar a Madrid y quiere veros.

—No podemos —gritó el matador—. Han dicho a una hora y tiene que ser a esa hora.

—Siempre caerá algo, Antonio. En estas cosas es mejor...

—Me importa un pimiento el marqués.

146

El empleado municipal hablaba con Perucho por lo bajo. El Chato la Nava contemplaba a su matador. Pepe, el mozo de estoques, bebía del botijo.

—Siempre caerán unos duros —dijo el Chato la Nava—. Media hora más, media hora menos...

—¿Qué hora es? —preguntó el matador.

—Casi la hora de salir.

—Daos prisa —dijo el matador.

Terminaron de vestirse. El mozo de estoques había salido con el esportón de los trastos.

—¡Vamos ya! —dijo el matador.

Los dos peones le dejaron pasar. El empleado del Ayuntamiento salió el último. Los carros que formaban la plaza estaban atestados de gente. En el balcón del Ayuntamiento se sentaban el alcalde y el señor marqués. Una mujer con toquilla les ofreció unos vasos de limonada en una bandeja.

Los tres toreros caminaban entre los mozos que ocupaban el círculo arenado.

—A ver cómo lo hacéis... A ver si os arrimáis... A ver si los matáis bien, que son buen ganado... A ver...

Los toreros se colocaron frente al Ayuntamiento.

—¿La música? —preguntó el matador.

—Ahora va —dijo el empleado del Ayuntamiento, que les había seguido.

Los mozos despejaron el círculo subiéndose a los carros. Gritaban. Sonó un tamboril, y luego las notas agridulcillas de dos dulzainas comenzaron un pasacalle. Los toreros iniciaron el paseíllo.

De la leve capa de arena del suelo de la fiesta emergía el empedrado cotidiano: reticulados caparazones, serpentinas formas escamadas, adoquines grises, verdinegros y anaranjados.

—Me lo quitáis de encima, ¿eh? —dijo el matador.

Saludaron a la presidencia.

Lentamente fueron al burladero grande. La torre de la iglesia daba sombra a la plaza.

—Me lo quitáis de encima, ¿eh? —repitió el matador.

—Tú, tranquilo —respondió el Chato la Nava.

Se hizo silencio. En el silencio estaban los tres solos.

147

Desde el brocal de talanqueras [32] y carros les contemplaba el pueblo entero.

—Tranquilos —dijo el Chato la Nava—. Tranquilos.

Cuando salió el toro, viejo y negro, el pozo se fue llenando de su sombra.

—Tranquilos —repitió el Chato la Nava—. Tranquilos.

La gente gritaba pidiendo que abandonaran el burladero. El Chato la Nava miró a los compañeros.

—Tranquilos —dijo.

Y salió. En el brocal se hizo un silencio de campo.

1963.

---

[32] Talanquera: Valla en las plazas de toros.

Young Sánchez

A Manuel Alcántara

Del este al oeste, por toda la ciudad
se oye un solo grito: el puente de Londres se ha caído y...
John L. Sullivan ha puesto k. o. a Jake
Kilrain.

VACHEL LINDSAY

1

Dejó el trozo de peine en uno de los ángulos del pequeño lavabo metálico con vaso en forma de cacerola.
Con las palmas de las manos se planchó el pelo hacia la
nuca. Silbaba. No se molestó en limpiar el peine; lo
dejó donde lo había encontrado, junto al grifo, que daba
un hilo de agua y no se podía cerrar. Orinó en el sumidero de la ducha. Recogió su reloj de pulsera de las ca-
billas [33] del grifo, que tenía cortada la tubería de conducción. Distraído tocó ligeramente la lengua de jabón, ás-
pero y azul, que resbaló, y unos instantes estuvo bar-
queando por el fondo del lavabo. Con el pañuelo se secó
la melenilla. Se ahuecó en torno del cogote el cuello de
la camisa, húmedo, gastado, seboso.

El cuarto olía a cañería de desagüe.

Desazogado estaba el espejo. Se le difuminaba el ros-

---

[33] Cabilla: Barrita de metal.

149

tro en la neblina del cristal. Buscando dónde mirarse se alzó de puntillas. Movió la cabeza con repente de escalofrío para desorganizar de un modo natural el cuidadoso peinado. Un mechón se le desprendió. Tenía la camisa abierta, y hundiendo la barbilla en el pecho, conteniendo la respiración, miró. Y remiró entre cejas para ver el efecto en el espejo.

El cuarto olía a pared mohosa y a toalla siempre empapada y sucia.

Le gustaba llevar el cuello de la camisa sin doblar. Le gustaba tener el pelo largo. Le gustaba mostrar el tórax por la camisa, abierta hasta el peto del mono. Le gustaba que un mechón le velase parte de la frente. Detalles de personalidad, pensó. Y se sintió seguro.

Un momento se fijó en el párpado que le cubría blando, fresco y brillante como la clara de un huevo, el ojo derecho. Se recogió las mangas de la camisa muy altas, por encima de los bíceps. Una izquierda de camelo, pensó, una entrada de suerte. Se dio saliva en la ceja del ojo lastimado, peinándola, y salió.

El cuarto era como una axila del sótano y sabía salado, agrio y dulzarrón.

Silbaba. Hacían salón dos ligeros. Penduleaba tan levemente el abandonado saco que sólo en su sombra se percibía. El *puching* era como un avispero, lo había pensado muchas veces. La mesa de masaje tenía la huella de un cuerpo, hecha con muchos cuerpos. Sobre el *ring* colgaba una bombilla de pocas bujías. El suelo era de tarima; debía de haber ratas de seis onzas bajo las tablas. Encajó el puño derecho en el cuenco de la mano izquierda y se fue acercando al *ring*.

Una lona en el suelo y cuatro postes sosteniendo doce sogas forradas. Oía el chasquido de los guantes golpeando. Los guantes viejos suenan más que los nuevos. Los guantes viejos a veces cortan como navajas de afeitar, a veces levantan la piel como navajas desafiladas. Los guantes viejos infectan los cortes o hacen que en los rasponazos de la piel surjan puntitos de pus.

Ya no silbaba. Los dos ligeros se rajaban una y otra vez. Oía las advertencias acostumbradas: «Esa derecha, esa derecha... Sal de cuerdas... Esa guardia, levántala... Sal de cuerdas... Boxea.» El maestro se aburría. Se aburrían todos los que contemplaban el asalto. Sin embargo, en el *ring* uno tenía miedo. Uno tenía ganas de dejarlo y esperaba que la voz, sin cambiar el tono, diese por finalizada la pelea. «Cúbrete», dijo el maestro. Pero la palabra no llegó a ninguno de los dos contendientes, que jadeaban entrelazados, empujándose. «Cúbrete al salir», dijo el maestro. Pero cuando salieron, los dos se separaron sin tocarse. Entonces el maestro dijo: «Basta.» Y a los dos se les cayeron las manos pesadamente a lo largo del cuerpo.

Se lo sabía bien. Ahora diría alguien: «¿Hacemos un asalto nosotros? ¿Quiénes? Nosotros; Juan y yo, o el Conca y yo.» Otra callejera con miedo. Otra payasada. Uno que estaba apoyado en la pared contemplando despreciativamente la pelea fue hacia el saco. Pensó que aquel sí podría ser boxeador; los demás, no. A los demás los conocía bien. Cinco meses de gimnasio bastaban para cada uno. Sabía cómo presumían en las tabernas del barrio, en los talleres, en los bailes de domingo. Se los imaginaba amagando un golpe a un compañero: «Te doy así...»

El maestro se acercó cansadamente.

—Estás flojo de piernas.

—Ya.

—No te descuides.

—Ya.

—Te veo sin muchas ganas.

—No, tengo ganas. Es el turno de noche. Cuando acabe volveré a estar bien.

—Bueno.

El maestro andaba algo encorvado. Si subiera las manos cubriéndose podía parecer que estaba en el *ring*. Había sido un buen boxeador. Nada demasiado importante, pero había peleado en París, en Londres... Fue a la Argentina... Había sido figura. Se defendía dando clase de gimnasia en dos colegios de frailes y con el gimnasio. Era un buen hombre, un poco amargado porque la gente de su gimnasio no tenía suerte. Les robaban las peleas... No, no las robaban... En el gimnasio apenas había gente que valiera la pena.

Oyó su nombre.

—Paco, ponle chicha a ese ojo.

Risas de compromiso. Contestó con una brutalidad.

Se volvió de espaldas. Se acercó al que estaba golpeando el saco.

—¿Sales el domingo?

Esperó la respuesta. El que golpeaba el saco respiraba sonoramente cada vez que pegaba.

—¿Con quién te toca, Ruiz?

Ruiz hacía profundas aspiraciones y luego iba expulsando el aire como si se sonase. Dio cinco golpes con el puño izquierdo.

—Si es el de la Ferro, tienes que tener cuidado con su izquierda. Da duro.

Uno, dos. Ruiz se apartó y alzó los brazos respirando hondo y dejando escapar el aire por la boca. Tenía la camiseta sucia; llevaba un pantalón de fútbol; calzaba alpargatas y calcetines con grises soletas [34].

—Si sales puedo dejarte la bata...

Ruiz hizo un signo afirmativo. Paco guardó silencio. Pensó en aquel muchacho que salía al *ring* con todo prestado: las zapatillas, los calzones y la camiseta; con una toalla amarilla, que era lo único suyo, por los hombros. Pensó que en el gimnasio había más de uno que tenía dos pares de zapatillas, unas de entrenamiento y otras para cuando alguna vez se decidiera a salir en una matinal del Price [35]. Los de dos pares de zapatillas era difícil, muy difícil, que se decidieran a enfrentarse con un muchacho al que no conocían, durante diez minutos. Los de dos pares de zapatillas, dos calzones y camisetas con los colores del gimnasio era improbable que tuvieran verdadera afición al boxeo. Eran boxeadores para las novias y los tontos del barrio. Le dejaría la bata —un trofeo ganado

[34] Soleta: Pieza con que se remienda la planta de las medias y calcetines.
[35] Price: Circo de Madrid en donde se celebraban veladas de boxeo.

en cinco combates— a Ruiz, que era un muchacho que se lo merecía.

—La cuidaré —dijo Ruiz.

—Si quieres salgo de segundo.

—Me lo ha pedido uno de esos —aclaró Ruiz señalando a los que charlaban junto al *ring*.

—Ésos están para dar la botella.

Paco sonrió. Ni para dar la botella, pensó; se ponen nerviosos cuando la gente les mira o les gasta una broma. Pero les gusta estar cerca de la sangre. Después de los combates aconsejan al derrotado o celebran un gancho gesticulando.

—El domingo puedo ganar. Ya le he visto al de la Ferro. No tiene piernas —dijo Ruiz.

A Paco le pesaba el párpado y se lo tocó suavemente con la punta de los dedos.

—¿Duele? —preguntó Ruiz.

—No.

—No es de golpe.

—No. El dedo. Ése boxea todavía con las manos abiertas.

Ruiz volvió a golpear el saco. Paco se despidió y caminó hacia la puerta. Al pasar al lado de los colgadores cogió su chaqueta y se la puso sobre los hombros. Salió. Uno de los chicos del gimnasio salió con él. Comenzó a hablarle mientras subían las escaleras del sótano. Le hablaba con una confianza respetuosa. Paco silbaba.

—¿Tú crees que me sacarán alguna vez? —preguntó el muchacho.

—Claro, hombre.

—¿Tú crees que estoy preparado?

—Necesitas más tiempo. El año que viene seguro... No tengas prisa.

Continuó silbando en bajo. El muchacho comenzó a hablarle de sus esperanzas.

—Si tuviera suerte de aficionado, puede que me pudiera hacer profesional.

—¿Dónde trabajas? —dijo de pronto Paco.

Notó que el muchacho se azoraba.

—En un comercio —respondió el muchacho.

153

—¿En un comercio? —se extrañó Paco—. Entonces...

Paco pensaba que trabajando en un comercio no se podía ser boxeador.

—Pero voy a dejarlo...

Paco sonrió pensando que aquel muchacho bailaría muy bien, que aquel muchacho debía haber tenido ya unas cuantas novias con las que seguramente había paseado buscando los oscuros de las calles cuando las acompañaba a sus casas; que había paseado con ellas muy apoyado, a pasitos cortos y chulones, diciéndoles cosas que las hacían respirar entrecortadamente.

Llegaron a la boca del Metro. El muchacho se adelantó a sacar los billetes. Paco le dejó hacer. Después se separaron; iban en direcciones opuestas.

El andén estaba solitario.

En un comercio, pensó Paco, los días de invierno se debe estar muy caliente y en los de verano muy fresco.

Estaba en el extremo derecho del andén. El ruido del tren crecía. Paco no se retiró cuando llegó, y aguantó al borde mientras le poseía una sensación de atropello.

2

De todas maneras tenía que engrasarla antes de que apareciera el jefe de taller. El jefe de taller llevaba chaqueta y pantalones azules. Y corbata negra. Asomaban por el bolsillo superior de su chaqueta el capuchón de una estilográfica, la contera de un lápiz, el alambre espiral de un bloc pequeño. Lo primero que se veía del jefe de taller cuando se estaba engrasando la máquina eran sus zapatos de color. Cuando se veían los zapatos se oía su voz, porque el jefe de taller no hablaba hasta que el obrero volvía la cabeza para ver sus zapatos. Su voz caía sobre los hombros del obrero y pesaba.

Paco se arrodilló en el portland [36]. Le entró frío. Un frío que le ascendió hasta el estómago vacío. Hacía cuatro horas que había cenado. Tenía un bocadillo en el

---

[36] Portland: Cemento Pórtland.

bolsillo de la chaqueta, que pensaba comer cuando acabara de engrasar la máquina. En el turno de noche, no sabía por qué, siempre pasaba hambre. Comería el bocadillo y, al amanecer, ya cercano el relevo, sentiría náuseas.
Náuseas que desaparecerían con sólo comer. «La noche
da hambre», pensó Paco, y se puso al trabajo. Cuando
vio los zapatos del jefe de taller estaba terminando. Alzó
los ojos y recorrió todo su cuerpo hasta la barbilla pro-
minente. Al jefe de taller le caían las gafas sobre la
punta de la nariz.

—Esto ya está —dijo Paco.

No obtuvo respuesta.

—Si usted quiere —dijo Paco—, paso a echarles una
mano a los del grupo.

El jefe de taller preguntó:

—¿Ese ojo?

—Entrenándome.

—¿Cuándo boxeas otra vez?

—Dentro de dos semanas.

—¿Cuándo empiezas a ganar dinero?

—Dentro de dos semanas. Es mi primero como profesional.

—Bueno, hombre.

—No es en Madrid; si no le daría de las entradas que
nos suelen dar a los boxeadores.

—Bueno, hombre. Muchas gracias. ¿Dónde boxeas?

—En Valencia.

—Pues que tengas suerte.

El jefe de taller hizo una pausa, luego dijo:

—Vete a echarles una mano a los del grupo.

—Sí, señor.

En el grupo viejo trabajaban dos obreros. Paco estuvo
viéndoles trabajar en tanto se comía el bocadillo. Uno de
los obreros era alto, delgado y amarillo. Moqueaba continuamente y se pasaba el dorso de la mano izquierda, libre de herramienta, por la nariz. El otro era de media-
na estatura, con un pelo rizoso y empastado. Llevaba pa-
tillas en punta. Discutía con su compañero, daba órdenes,
cantaba. Paco terminó el bocadillo y cogió el botijo de
color muerto, con la huella de grasa de una mano gran-

de en su panza, y bebió. El estómago acusó el trago con borborigmos [37]. Se dio unas palmadas en el vientre que sonaron como golpes en un tambor con el parche roto.

—¿Cómo va eso? —preguntó Paco.

El obrero alto, delgado y amarillo no llegó a tiempo de explicar cómo iba el trabajo, porque era tartamudo y su compañero se le adelantó. Se limitó a pasarse la mano por la nariz.

—Hay que echar un año, figura, para arreglar esto. Pero tú ves...

Paco se acuclilló junto al grupo. El obrero que le había llamado figura tenía un color de vino clarete en la cara.

—Nos hemos metido en un tango que verás.

Paco meditaba produciendo trinos de después de comer con la lengua y los dientes. Torcía la boca. Dijo:

—Se acaba hoy, Tanis. Está listo para el turno.

Tanis se incorporó.

—Vamos a verlo, figura.

De pronto se asombró espectacularmente.

—¿Quién te ha puesto persiana en ese tragaluz, chacho? ¿Estabas dormido? No nos desacredites. Al que te ha dado hay que ponerlo en la Prensa.

Pacó sonrió.

—Dime quién ha sido, que ficho por él —dijo Tanis—, y Pedrito también, ¿verdad?

—Sí —silbó Pedrito el tartamudo e hizo ruidos con la nariz.

—Poca cosa —dijo Paco—, ni sostiene los guantes. Los que pasan miedo y no saben boxear, de vez en cuando, volviendo la cabeza, meten las manos y te dan; es un chaval que está empezando.

Paco pidió una llave inglesa a Pedrito. Tanis fumaba un cigarrillo *Peninsular*. Guardaba dos *Bisontes* para la salida. Uno para él, otro para el jefe del taller, al que se lo daría al pasar si no estaba fumando y estaba en la puerta del pabellón: «Señor Luis, ¿un pito?» A los je-

---

[37] Borborigmos: Ruido producido en el vientre por el movimiento de los gases intestinales.

fes hay que darles su faena, decía siempre Tanis. Lo decía tan convencido que a Paco ni siquiera le indignaba y a los de la cuadrilla del turno les traía sin cuidado. No se lo reprochaban.

—En el primer combate —dijo Tanis— tienes que ganar por k. o.: un primer combate de profesional no vale a los puntos.

Tanis estaba apoyado en la ventana: su silueta se recortaba negra en el amanecer.

—¿Sabes cómo se llama el punto [38]? —preguntó.

—Bustamante —respondió Paco.

Tanis alzó las cejas, echó el humo, estuvo unos instantes reflexionando.

—Lo he oído —dijo.

—Tiene siete combates de profesional —dijo Paco—. Cinco victorias, uno nulo y una derrota. El último le dieron. Querrá sacarse el clavo.

Tanis expelió el humo por la nariz y por la boca, se rascó un costado.

—No son muchos.

—Pero ¿qué habéis hecho aquí? —preguntó Paco.

—No son muchos —insistió Tanis—. Puedes estar tranquilo, con los que tú llevas se puede salir. Hablo sólo de salir, no cuento lo que tú eres.

—Es...tá mal en...ca...ja...do... —dijo repitiendo sílabas Pedrito.

—Hay que desmontarlo todo —afirmó Paco.

—¿Cuántos asaltos? Eso lo debes cuidar. Para un primer combate tienes suficiente con ocho. No te dejes engañar. Siete combates dan fuelle. ¿Sabes algo de él?

—Es zurdo —dijo Paco.

—Es-tá for-za-do enormemente —habló Pedrito.

Paco y Pedrito comenzaron a desmontar el grupo. Tanis iba acabando su cigarrillo.

—Un buen resultado te dobla el precio en el combate siguiente. ¿Cuánto le sacas a éste?

—Mil —hizo un esfuerzo Paco que abrió un silencio—. Mil y los viajes en segunda y un hotel de segunda.

---

[38] Punto: Individuo.

—Vaya. ¿Quién va contigo?

—Voy solo.

—Mal. Eso no lo debes hacer. Que te acompañe tu maestro.

—No puede.

—Un segundo. de allá no te conviene.

—Da igual.

—Ya-es-tá —dijo Pedrito.

Tanis pisó la colilla y se acercó al grupo. En la ventana se iba reposando la turbiedad del amanecer, se iba aclarando el día. Pedrito se irguió y señaló el grupo a Tanis.

—Tú.

Luego sacó de su bolsillo un tubo metálico y lo destapó. Se echó una palmadilla de bicarbonato y se lo llevó de golpe a la boca. Bebió del botijo.

Tanis comenzó a cantar. Pedrito eructaba discretamente junto a la ventana. El jefe de taller estaba parado junto a un soldador. El resplandor de la llama del soplete azuleaba su figura. El rumor del trabajo crecía o decrecía según los turnos de las máquinas, unas libres y otras ocupadas. Para Paco se perdió la canción de Tanis cuando, en un momento, el rumor fue creciendo, rompió su tono y se desbordó de golpe en un ruido ensordecedor. Mil personas gritando cuando uno es golpeado en la cabeza y ya no puede controlar con el oído la fuerza de un golpe, el jadeo del contrario, la propia respiración. Pedrito se desgañitaba intentando decirles que se acercaba el jefe del taller. Acabó señalándoselo con la mano cuando estaba junto a ellos.

El jefe de taller contempló el trabajo desde su altura, luego dobló la cintura y, apoyando las palmas de las manos en los muslos, comenzó a hablarle a Tanis.

Paco estiró el rostro y se tocó el párpado hinchado con la muñeca. El párpado le escocía. De vez en vez se le escapaba una lágrima que enjugaba violentamente en el hombro. Pensó que cuando tuviera que hacer un asalto con el muchacho que le había lastimado iba a darle un par de buenos golpes de los que hacen daño, de los que se sienten durante una semana al hacer un esfuerzo, de

158

los que despiertan y desvelan al iniciar un movimiento en el lecho. Los que no saben, en los gimnasios siempre son de temer. De ellos son los rodillazos, los golpes con la cabeza o con los antebrazos, los marcajes bajos.

Sonó sordamente la sirena. Segundos después el ruido del taller fue decreciendo, hasta que se pararon casi todas las máquinas. Paco terminó de poner apresuradamente una tuerca. Tanis ya caminaba emparejado con el jefe de taller hacia la puerta de salida. Entraban los primeros obreros del turno de la mañana. Paco vio al jefe de taller parándose a encender un cigarrillo: el cigarrillo de Tanis.

El aire de la mañana de primavera no tenía aroma. Era todavía muy temprano. Cansaba el respirar como cansa beber un vaso de agua demasiado fría que no mitiga la sed. Un aire sin aroma como un vaso de agua muy fría son elementos demasiado puros. Paco se subió el cuello de la chaqueta, y, al lado de Tanis, Pedrito y tres compañeros más, echó a andar hacia la parada del tranvía. El sol comenzaba a dorar el vaho de Madrid cercano; el aire principiaba a tener sabor. Las palabras vencían el rumor del taller, del que se iban alejando paso a paso.

3

—Ya voy —dijo Paco.

El jergón chicharreó. De la calle llegaba el alborozo del mediodía primaveral. Los filetes luminosos que recortaban las contraventanas cerradas tenían el carnoso amarillo rojizo de los quesos de bola. Solamente había dormido seis horas, pero se encontraba descansado. Estiró las piernas y puso los músculos en tensión.

Oyó el ruido de los grifos en la cocina. Luego la cisterna del retrete vaciándose. Un murmullo familiar de trajín doméstico. Escuchó a su madre riñendo al gato, humanizando al gato. Golpearon en su puerta y acompañaron los débiles golpes de palabras suaves, que invitaban a continuar en la cama.

—Son las doce y media, Paco...

—Ya voy.

Paco pensó que su hermana era una chica con mala suerte. Lo único bonito que tenía era la voz. A veces le daba como pena mirarla. Una chica fea, acaso muy fea de rostro, con un cuerpo basto, donde el vientre se hinchaba y las caderas se ensanchaban casi cuadradas... Una chica fea, con conciencia de que era fea. Humillada por su fealdad. Acabada por su fealdad. Pensó lo importante que era para una muchacha pobre ser guapa. En la belleza estribaban todas las posibilidades de mejorar de vida. Buenos empleos y hasta un buen matrimonio. Una chica pobre, fea, equivalía a un muchacho pobre, débil. Paco se palpó los músculos de los antebrazos: A cada movimiento que hacía para calzarse, el jergón crujía. Abrió la puerta cuando tuvo puesto el pantalón, y le llegó el olor de la comida. Habló a gritos:

—Mercedes.

—Ya voy, Paco.

La docilidad de la hermana, la atenta y servicial disposición que tenía para él, llegaban a irritarle.

—Búscame una camisa que esté bien.

—¿Quieres que te planche la blanca?

—No, tengo prisa. ¿Está la comida?

—Sí. Te plancho la blanca en un momento.

—No. Búscame una camisa que no esté muy vieja.

—No me cuesta nada planchártela.

—No.

La muchacha acababa desilusionada.

—Como tú quieras.

Paco se lavó en la pila de la cocina. Se puso la camisa y se sentó a comer. La madre le contemplaba mientras hacía leves gestos negativos con la cabeza.

—¿Qué te pasa? —dijo Paco.

—Ya lo sabes, Paco.

Paco se tocó el párpado hinchado, que tenía un color violeta oscuro.

—¿Es esto?... ¡Bah!... Nada.

La madre continuaba moviendo la cabeza negativamente.

—Trabajando —dijo Paco con la boca llena— te puede ocurrir esto o algo peor.

La madre tenía demasiado cansancio en la mirada para que fuese dulce. Era una mirada vidriosa, vaga, vuelta ya de la desesperación o de la rabia o del deseo de conseguir algo. La madre tenía las crenchas de un rubio sucio como del color del papel de estraza. La madre tenía la roña metida en los poros de la piel de las manos de tal manera, que aunque se lavase no se le iría. Era la porquería de la mujer que hace coladas para cuatro personas, que lava los suelos, que guisa, sube el carbón y trabaja, si le queda tiempo, de asistenta en una casa conocida. La porquería en los nudillos, en las yemas de los dedos, en las palmas de las manos, en las muñecas. La porquería como un tatuaje.

—¿A qué hora quieres la cena? —preguntó la hermana, que se había sentado a su lado a verle comer.

—Como siempre.

—La madre tomó asiento en una banqueta, recogiéndose el delantal sobre el vestido negro cosido y roto, recosido y roto, y roto. La madre se sentó como si estuviera de visita, en el mismo borde de la banqueta.

—Tu padre ha dicho —dijo la madre— que vayas a la bodega de Modesto, que te espera allí a las ocho y media.

—Bien.

La madre se levantó para atender lo que estaba puesto en el fogón. Primero comía Paco y después las dos mujeres, con lentitud, dialogando pausadamente. Paco terminó.

—Me voy —anunció.

—A las ocho y media te espera tu padre —repitió la madre.

—Iré.

La hermana acompañó a Paco hasta la puerta.

—Adiós, Paco —dijo.

—Hasta la noche —se despidió Paco.

La hermana tuvo un rato la puerta abierta hasta que ya no oyó los pasos de Paco en la escalera. La madre seguía en el fogón.

161

Del portal a la calle, un paso. El paso que va desde la sordidez a la alegría.

—¡Hola! Paco, ¿cuándo te pegas? —le dijo la muchacha de la frutería.

—Dentro de quince días —ensayó un piropo—. Cada día que pasa te pones... Vamos, tú me entiendes...

La muchacha sacó cadera.

—¿Aquí? —preguntó.

—No... Un día te voy a llevar a bailar.

—¿Dónde peleas?

—En Valencia... Y después de bailar te llevo a un cine de la Gran Vía, o antes, como tú digas.

—Las ganas que yo tengo de ir a Valencia, majo.

—Dentro de quince días, ya sabes, si tú quieres...

—Vamos, Paco...

—En serio.

—Bueno..., pero éste... Pero ¡qué cosas tienes!

Paco se rió.

—Te llevo.

La muchacha fingió enfadarse. Compuso una mueca de altivez, de intocable, de ofendida en su honestidad.

—¿Hablas en serio, Paco? ¿Con quién es?

—¿Qué más da?... Te llevo.

—Ya está bien, Paco... —hizo una pausa—. A ver si ganas y llegas a campeón.

Dentro de la frutería sonó una voz ronca.

—Juana, menos palique y más estar en lo que estamos.

—¿Te gustaría?... —preguntó Paco.

—Juana, gansa.

—Me llaman —dijo la muchacha.

—Espérate.

—No, que está hoy... —ladeó graciosamente la cabeza y miró al cielo.

—¡Juana!

La muchacha giró el cuerpo y encogió los hombros.

—No te digo...

La vio desaparecer en el fondo de la frutería, atravesando entre los frescos colores de las hortalizas y las frutas. Antes de desaparecer dio un tropezoncillo adrede y volvió la cabeza haciendo un gesto de despedida. Paco echó a andar silbando.

Apretaba el calor. El asfalto despedía como un aliento caliente que sofocaba. Paco se quitó la chaqueta que llevaba por los hombros y la recogió al brazo.

—Adiós, Paquito.

Sonrió a la vieja que vendía chucherías, golosinas y cigarrillos en su puestecito del esquinazo de la manzana. Dos niños suspendieron sus juegos con chapas de botellas de refresco y cuchichearon entre ellos. El vendedor de periódicos alzó la mano en un saludo.

En torno de un ciclista que descansaba sin bajarse de la bicicleta, con un pie apoyado en el suelo y el muslo de la pierna contraria en la barra del cuadro, como se suelen sentar en los bares los habituales chuletones, hacía corro la afición de la calle: el pescadero hijo, la chaquetilla blanca remangada, delantal verde con rayas negras, madreñas de madera y cuero, que se guiaba por el periódico *Marca* y tenía una fe ciega, heredada, en la Prensa; el cobrador del tranvía, que se soltaba la chaquetilla del uniforme, y con la camisa sin cuello y la cabeza sin gorra parecía que iba a ser fusilado en el solar cercano como un militar de cuartelada decimonónica; el cobrador que no creía en la Prensa; el vago con buenos recuerdos de un equipo de primera regional, que había empezado con muchachos que eran figuras y que si no hubiese sido por una lesión...; el electricista, de zapatillas de ciclista, admirador profundo de Julián Berrendero [39], de los dos Regueiro [40], de Juanito Martín [41], de Angelillo [42], que se sentía antes que nada madrileño y solamente creía en los valores del tiempo pasado.

Paco llegó al grupo... El ciclista se despidió y, alzándose sobre los pedales fue cogiendo velocidad con gran estilo.

—¿Qué hay Paco, qué te cuentas? —le palmeó las espaldas fuertemente el tranviario.

---

[39] Julián Berrendero: Famoso ciclista del momento.
[40] Los Regueiro (Luis y Pedro): Jugadores de fútbol.
[41] Juanito Martín: Boxeador.
[42] Angelillo: Cantaor.

A Paco le turbaban las muestras de afecto espectacu
lares.

—¿Te entrenas mucho? —preguntó el electricista.

—¡Hombre!... —dijo Paco.

—Ese Bustamante —afirmó el pescadero hijo— tien
una zurda, ¡uf!, como un exprés.

—Si estás bien entrenado seguro que le tienes en e
bote —afirmó el electricista—. Porque el boxeo, desd
luego, exige mucho entrenamiento. De aquí ha salido l
flor y nata de los boxeadores.

—¿Y los vascos, qué? —preguntó el vago.

—Y los vascos —dijo el electricista.

—Y los catalanes, ¿no son nada? —preguntó el tran
viario.

—Te diré.

—Bueno, me vas a contar ahora que no son nada.

—Muy técnicos, pero con la clase de los de aquí, no
¿Verdad, Paco?

—Cataluña da muy buenos boxeadores —dijo Paco—
Acuérdate de Romero [43], por ejemplo.

—¿Y vas a comparar a Romero con todo su campeo
nato y todo lo que quieras, con Luis? —preguntó el elec
tricista—. Vamos, Paco... ¡Romero!... Corazón, eso sí

—Los campeonatos no se logran solamente con cora
zón —dijo el pescadero hijo—, hay que saber... ¿Es ver
dad o no es verdad, Paco?

Paco hizo un vago gesto afirmativo. El electricista in
terrumpió la conversación, invitando.

—Pago unos vasos.

Aceptaron. Entraron en un bar cercano.

—Cuatro blancos —dijo el electricista—, porque tu
no beberás, ¿eh, Paco?

—Yo también bebo —dijo Paco.

4

El padre pagó dos rondas de vino. Los amigos le des
pidieron en la puerta.

---

[43] Luis Romero: Fue campeón de España, de boxeo.

—¡Que haya suerte!

—¡Ánimo que tú llegarás!

El padre caminaba por la calle muy orgulloso, junto al hijo.

—¿Cuánto cuesta una radio a plazos? —preguntó Paco.

—No sé —dijo el padre—, pero ya me enteraré.

El padre saludó a dos hombres que charlaban en medio de la calle.

—¿Dónde vas? —le dijeron.

—Aquí, con éste.

Se iba alejando, pero continuaba la conversación.

—¿Cuándo pelea?

—Dentro de quince días en Valencia.

Paco agachó la cabeza. El padre caminaba por la calle muy ufano.

—Que gane.

—Gracias, Paulino.

—Que traiga muchas pesetas.

—Es lo que hace falta, Andrés.

Paco se avergonzaba cuando iba con su padre, porque se sentía exhibido.

—¿Has comprado *Marca* para ver si habla de ti? —preguntó el padre.

—No, ¿por qué iba a hablar de mí?

—Porque vas a pelear... ¡por qué!

—Todavía es demasiado pronto. Eso lo darán un par de días antes.

—Lo mismo lo pueden dar hoy.

En el quiosco de periódicos el padre compró el diario deportivo y se paró a hojearlo bajo la luz de un farol. No hablaba de Paco, pero el padre no se defraudó.

—Lo miraré con más calma en casa —dijo.

—Yo te voy a dejar —anunció Paco.

—Bueno, como tú quieras.

—Dile a mamá que dentro de media hora estoy en casa.

—¿Dónde vas?

—Subo hasta la plaza.

Estaban parados. El padre sonrió picarescamente.

—Cuidado, ¿eh Paco? Mucho cuidado.

Sintió que no podía dominar el rubor. La despedida fue apresurada.

—Hasta luego.

Dio unos pasos y se volvió para ver a su padre. Andaba con inseguridad. Le había herido un trozo de metralla en la cadera durante la guerra, en las trincheras de la Ciudad Universitaria. Era tan bajo como él. Seguramente daría el peso de los plumas. No, pensó, tal vez dé un peso más alto, porque los viejos pesan más. Paco subió hacia la plaza.

Prefería que no fuera a los combates, pero iba. Se sentaba en la segunda fila de *ring* o en la primera. Comenzaba por decirle al vecino de asiento que el combate bueno era el tercero. Si el vecino era propicio a la conversación, le comunicaba que el que iba a ganar el tercer combate era su hijo, *Young* Sánchez.

Gritaba durante el combate. Alguna vez se acercó a la escuadra para darle un consejo, y el segundo le tuvo que decir violentamente que se marchara. Cuando peleó en el campo del Gas [44], tuvo un lío con un guardia de la Policía Armada, y gritó que el que estaba boxeando era su hijo. Hubo choteo del público. Al final de las peleas lo sacaba abrazado por entre la gente que ocupaba el pasillo, acompañándolo a los vestuarios. Asistía a la ducha hablando del combate. Si se hubiese dejado le hubiera enjabonado, porque el padre sentía aquel cuerpo completamente suyo. En el barrio era peor: era el elogio hasta el cansancio, hasta la antipatía, hasta la fuga.

Se sentía liberado y también un poco apenado por haber dejado a su padre. Se sabía una esperanza y un asidero de algo inconcreto que siempre había rondado el corazón del padre; un deseo de estima, un anhelo de fama, una gana de que se le tuviera en cuenta. Le había oído muchas veces contar cosas de la guerra, vulgares, quitándoles importancia de una manera que parecían te-

---

[44] Campo del Gas: Campo de deportes madrileño, situado entre la Ronda de Toledo y el Paseo de las Acacias.

nerla; y se percataba perfectamente de que en el padre había latente una congoja, nacida de la indiferencia de los compañeros, de los amigos, de los vecinos. Ahora el padre se tomaba la revancha.

Llegó a la plaza. En el café, las luces de los tubos fluorescentes empalidecían los rostros de la clientela, que charlaba, que jugaba al dominó, daba la matraca con los viejos discos de la gramola: a peseta la voz de Antonio Molina, a peseta Lola, a peseta la *Perrita Pequinesa*. El muchacho del mostrador se movía tanto y tanto hablaba para la nada, que apenas había una cuadrilla al chato; un señor leyendo un periódico y bebiendo un vermut a salto de noticia, como un pajarito; una vieja que se refrescaba con una gaseosa, acompañada de un niño entretenido en recoger chapas de botellines por las suciedades del suelo.

—La gaseosa ¿no tiene tapa? —preguntó la vieja.

El señor que leía el periódico la miró estupefacto.

—No, señora. Las tapas con gaseosa hacen daño... —dijo el que atendía el mostrador.

Paco entró hasta el fondo del café, hasta la gramola y la puerta de paso a los servicios. Volvió.

—¿Cerveza, Paco?

—Un corto... ¿No han venido ésos?

—Aquí no ha venido nadie. Andarán por *El Chapas* o por *La Venencia*.

Paco silbaba y se paseaba delante del mostrador, casi luciéndose, casi vigilando la plaza, como preocupado o distraído.

—¿Has visto al pluma que salió el domingo?

Paco se acercó a tomarse el vaso de cerveza. Su respuesta fue un vago comentario.

—Pega, ¿eh?

Paco miraba a la calle de espaldas al mostrador.

—Ese chaval sabe.

Paco se volvió, apoyó los brazos en la barra y agachó la cabeza. Se distrajo salivando.

—Con la derecha y con la izquierda.

Paco miraba el vaso mediado. Bebió el resto de la cerveza y pidió más.

167

—Si le cuidan, ahí hay campeón, ¿no te parece?

Paco se encogió de hombros. Sonaron una moneda en el mármol del mostrador.

—¡Va!...

Y antes de atender al reclamo aseguró:

—Ese chaval es boxeador y va a dar muchos disgustos, pero muchos disgustos en su peso...

Pertenecía a la fauna de los que sienten placer desasosegando, amenazando. Pertenecía a la fauna de los retorcidos que elogian para despertar el recelo, para punzar el amor propio, para tantear irritante en la inseguridad y en el desánimo.

Echó la cabeza hacia atrás y el mechón le desbordó la frente. Pensó en el pluma de que hablaba el muchacho del mostrador. Un buen comienzo, dos combates limpiamente ganados; pero, ¿podría aguantar con los viejos, con los que no salían nunca de aficionados y se sabían las marrullerías de los profesionales? Recordaba su primer combate con un boxeador viejo, la impasibilidad de su rostro cuando le golpeaba y su intranquilidad en la escuadra. Los boxeadores viejos enseñan a costa de sufrir la dureza de sus golpes. Cuando acabó el combate le dolían los antebrazos. Cuando llegó a casa le dolía el cuello y la cabeza. Había ganado, pero no supo hasta el último momento si iba a ganar o a perder, porque los boxeadores viejos se derrumban de pronto, pero no dan ni un síntoma de flaqueza, de agotamiento; un indicio que puede animar al contrincante durante el combate.

—¿No has ido al gimnasio? —preguntó el mozo de mostrador.

—No.

—¿Te encuentras en forma?

—¡Vaya!

—El de Valencia tiene un buen *palmarés*.

—Sí.

—Los boxeadores valencianos saben, saben y aguantan. Un fajador [45] como tú...

—Oye —dijo Paco—, si vienen por aquí los amigos

---

[45] Fajador: Boxeador de poca técnica y mucha pegada.

les dices que me he ido a casa, que después de cenar saldré.

—¿Aquí?

—Sí, aquí. Sobre las nueve y cuarto.

—¿Hoy no *currelas?*

—No.

—Ya se puede...

El muchacho del mostrador frunció los labios; un fruncimiento de envidia.

En la plaza estuvo unos instantes dudando. Era todavía pronto para ir a cenar; era ya un poco tarde para subir hasta Atocha. La plaza estaba repartida entre la oscuridad del descampado y la luz de la vecindad. Junto a las casas paraban los autobuses. La luna iba baja; una luna como la plaza, con un semicírculo de luz y otro de sombra, pero una luna con su contorno precisado en una circunferencia, que se le antojó azul. Una luna ascendiendo por el cielo del descampado que no limitaba la plaza, que la ampliaba al mundo.

Se encontró bajando lentamente hacia su casa. Iba pensando en el muchacho del mostrador. «Hoy has estado bien... ¿Por qué no sacaste la izquierda cuando lo tenías a placer?... Lo podías haber tumbado en el segundo asalto. ¿Qué te pasó?... Se te notaba falto de fuelle. Se vio que te había hecho daño; yo creí que ibas a abandonar...»

El muchacho del mostrador acabaría teniendo una taberna donde presumiría de haber conocido a un campeón: «¿*Young* Sánchez? Fuimos muy amigos. Ése es bueno de verdad... Ése es...» Entonces estaría muy lejos del muchacho del mostrador, de su taberna, de la calle, a la que volvería de visita alguna vez. Entonces...

— ¡Adiós, Paco! —le dijeron.

5

— ¡Adiós, Paco! —le dijeron.

Caminaba de prisa. Saludó con la mano. Titilaban las acacias a la luz del sol. El descampado de la plaza estaba como recién barrido por la mañana, limitada su extensión por las fachadas posteriores de una calle nueva. Esperó la llegada del autobús, y cuando llegó tuvo una sensación de partida para un viaje alegre, de excursión de día festivo. El autobús dio la vuelta a la plaza y se adelantó por una calle hacia la ciudad. Un vientecillo fresco entraba por las ventanas revolviéndole el mechón, que sentía como una carrera de insecto por la frente, acariciándole los párpados entornados y el rostro recién afeitado, la piel escocida por una hoja muy usada.

Tuvo que esperar en la salita de las oficinas. La salita estaba en penumbra, con las cortinas del gran ventanal corridas. Recoleta, desvinculada de la calle, hostil, con la frialdad de una habitación de espera, le inquietaba. Era una espera miedosa. Había llegado alegre y estaba triste. Se fijó en un grabado que representaba una escena mitológica... Dos sillones y un sofá de cuero moreno. Dos sillones y un sofá, no sabía por qué enemigos. Y una mesa baja sin revistas. La alfombra, gruesa. Una lámpara como una amenaza colgando del techo. La salita era como una isla, donde se acababa la seguridad. Estaba deseando marcharse.

Se abrió la puerta.

—Venga —le dijeron.

Salió y caminó por un pasillo hasta una habitación.

—¡Pase! —le dijeron.

Pasó sin decisión. Oyó una voz suave que le invitaba desde el fondo:

—¡Pase usted, pase!

En un sillón cercano a la ventana fumaba un hombre joven. Olió su perfume. Una mezcla de tabaco rubio, de agua de colonia, de manos lavadas con un buen jabón, de traje nuevo, de camisa limpia... Husmeó sorprendido como un animalillo. La voz le agarrotaba los músculos. Se sintió torpe.

—¡Siéntese, joven, siéntese!

Se sentó en un sillón que cedía a su peso. Cuando la voz preguntó, le fue dificultoso responder e inició un movimiento para incorporarse.

—¿Cuántos combates, cuántos?

Titubeó antes de responder, como si no recordase. Dijo el número de combates. El hombre comenzó a explicar, sin atenderle demasiado, como si hablase para sí:

—No sé si usted lo sabe, pero conviene que lo sepa. Es una dedicación que no me reporta más que gastos. Me divierte ayudar a los que pueden ser algo. No sé si usted me entiende. Realmente...

No entendía por qué el maestro le había indicado que fuera a ver a aquel hombre. Aquel hombre que hablaba y fumaba delante de él nada tenía que ver con el boxeo. «Ayuda», le había dicho el maestro. Y él había ido a que le ayudasen. El hombre seguía hablando:

—... cuando usted regrese de Valencia venga a verme, joven...

Se encontró repentinamente de pie, estrechando una mano, que se le tendía lánguida desde la butaca. Caminó rápidamente hacia la puerta. La puerta era de madera, de una madera con vetas estrechas... Estaban en el pasillo.

Se sintió liberado en la calle. Liberado y confuso, el tipo era raro. La ocurrencia del maestro era también, rara. ¿Ayudaba? Pero ¿por qué ayudaba? No le interesaba el boxeo, no sacaba ningún beneficio de los boxeadores. Ayudaba porque le divertía ayudar. «Tiene mucho dinero —le había dicho el maestro— y se lo gasta. Le gustan las cosas donde hay sangre. Gallos, boxeo, ¡qué sé yo! El caso es que ayuda.»

La entrevista le había amargado.

El sol del mediodía agriaba el color del descampado de la plaza. El sol del mediodía pesaba en las copas de las acacias. La calle hacia su casa era un túnel de luz cegadora.

—¿Vas para casa? —le preguntó alguien que le echó un brazo a los hombros.

—¡Hola, Luis!

Hizo un movimiento para sacudirse el brazo que le daba calor. Llevaba el traje nuevo y se había puesto corbata para la entrevista. No se decidía a quitarse la chaqueta.

—Te vas pronto, ¿no?

—Sí.

—Tienes que ganar. Después del combate pon un te-

171

legrama si todo ha ido bien. Ponlo a *La Venencia,* Paco.

—¡Bueno, hombre!

—Tú ya sabes que aquí, en el barrio, se te da ganador por todos.

—El otro también pega, no vayas a creer que sale sólo a recibir.

—Tú le das. Si fuese por *k. o.* mejor. Figúrate, el primero de profesional y tumbándolo. Si peleas como tú sabes, seguro que...

—El otro también pega.

Se separaron al llegar a la altura de la casa donde vivía el admirador.

—Ya sabes que se confía, Paco, y que se te admira.

Le agradaba que le admirasen y le molestaba que le creasen obligaciones. Saldría a pelear, pero el otro no se iba a dejar pegar. El otro tenía más experiencia y era un buen boxeador.

Subió las escaleras de la casa lentamente.

—No te he oído llegar, Paco —dijo la hermana cuando salió a abrir.

Paco se quitó la chaqueta y se desanudó la corbata.

—Como siempre subes corriendo y cantando es fácil saber que eres tú, pero hoy...

—Estoy cansado —dijo Paco.

—Padre se ha marchado y madre está echada, porque le duelen las espaldas —anunció la hermana—. Padre ha dicho que no te vayas hasta que vuelva él del trabajo.

—¿Te pongo la comida?

—Bueno.

—¿Te pasa algo, Paco?

—No, nada.

—Algo te pasa, Paco. Dímelo.

—¡Qué me va a pasar! —dijo desabridamente.

La hermana se dedicó a prepararle la mesa. Paco respiró hondo el olor de su casa. Un olor en el que se distinguían las cosas que lo producían. El olor de la comida, el del carbón, el de la mesa fregada con lejía, el de los trapos húmedos... En la salita donde le habían hecho esperar solamente olía a nuevo. El olor de nuevo y de caro era hostil. Cuando pensaba en la visita de la mañana se sentía de pronto sucio, sucio de las cosas limpias, nuevas y caras.

—Pasa a ver a mamá —indicó la hermana.

Paco se levantó y salió al pasillo. Abrió la puerta de la habitación de los padres.

—¡Madre! —dijo.

—¿Qué, hijo?

En la penumbra no se percibía el rostro de la madre.

—Me ha dicho Mercedes que te sientes mal.

—No es nada. Cansancio.

—¿Quieres que avisemos a un médico?

—No. Se pasará. Es que me he cansado más de la cuenta.

—Deberíamos avisar a un médico para que te mirase.

—No, hijo.

La madre y el hijo guardaron silencio. En la cama de matrimonio la madre estaba como desmayada. La almohada, blanca, y el rostro, de un blanco grisáceo. El pelo como un manojo de esparto.

—Vete a comer.

—Luego vengo a estar contigo.

—Bueno. No os preocupéis, que no es nada.

—¿Has comido?

—No.

—¿No quieres nada?

—No. No te preocupes. Anda, vete.

Paco cerró suavemente la puerta. Cuando llegó a la cocina preguntó a la hermana:

—¿Ha cogido algún frío?

—Esta mañana ha estado lavando.

—Habrá que avisar a un médico. Padre, ¿qué ha dicho?

—¡Como ella dice que no se avise…!

—¡No quiere, siempre igual! —dijo Paco, y se indignó—. Pues aunque no quiera.

La hermana colocó la cazuela encima de la mesa, sobre una rejilla.

—¡Anda, come! —dijo.

Paco dejó que le sirviera. Metió la cuchara en el plato y comenzó a comer en silencio.

—¿En qué estás pensando? —preguntó la hermana. Paco no respondió.

6

La tarde estaba pesada y tormentosa. Llegaban del campo aromas cereales. Olían las cloacas. Olía a humos de locomotoras. La gente que callejeaba olía un poco a sudor, un poco a ropas que han tomado el soso olor de la cal en armarios enjalbegados y sombríos como despensas; olía a campesino puesto de domingo en la ciudad.

Cada paso era un descubrimiento. Olía a hospital. No olía a hospital, pero Paco tenía la sensación de que caminaba por un pasillo de hospital, mezclados el olor de botica y el de ser ·humano, acompañado de un murmullo. De un zumbido de quejas sobre enfermedades propias y enfermedades de los parientes o de los amigos a los que se va a visitar. En los retazos de conversaciones que llegaban a sus oídos creía sorprender la quejumbre, la salmodiosa habla de los enfermos y de los visitadores.

Apuntaban las cuatro y media e iba por la calle de Atocha.

Sobre el chirrido de un tranvía rompió la tronada. Sobre el polvillo, tenue como una purpurina de alas de mariposas nocturnas, que cubre las calles antes de las tormentas, cayeron las primeras gotas. Paco andaba de prisa hacia Antón Martín [46]. Alzó los ojos al cielo negro-violeta como un gran hematoma. Las primeras gotas cayeron adormecidas. Después tabletearon delicadamente en el asfalto, en los tejados, en las claraboyas de las casas viejas.

No llovió más. Las nubes estaban fijas sobre la ciudad y la enclaustraron, la recogieron de su dispersión, la limitaron en un regazo denso, carnoso y morado. Cansaba caminar, pesaban las manos en los bolsillos, dolía la chaqueta en las axilas. Un olor de humedad ganó la calle. Una sensación de sudor sucio le desazonaba.

---

[46] Antón Martín: Plaza del centro de Madrid, cruzada por la calle de Atocha.

Paco pensó en las chinches de una pensión del Sur, en una población en la que había boxeado. Una noche con bochorno de tormenta. Una noche en que los nervios punteaban la piel. Pensó que lo peor que le podía ocurrir en el mundo era ponerse enfermo en una pensión del Sur, desmantelada, cargada de soledad. Prefería el hospital con toda su tristeza, con el cobijo de los demás, aunque temiera la cercanía de la muerte.

Entró en el bar. Pasó delante del mostrador y se fue al fondo. El muchacho del mostrador le saludó:

—Hola, *Young*.

En los vasares del mostrador se rizaban las fotografías de los boxeadores junto a las de las supervedetes y las de los caricatos célebres. Los boxeadores saludando; los boxeadores en guardia, con guantes, sin guantes, en vendas. Dedicatorias: «A mi particular amigo Mariano Martínez», y la firma garrapateada. «A Mariano, gran aficionado al boxeo, su amigo», y la firma torpe. «A Mariano después del combate más duro de mi vida», y la firma clara. «A mi admirador Mariano Martínez el día que gané el Campeonato de Castilla del peso pluma por *k. o.*», y la firma muy grande. Las fotografías de algunos de los campeones de España de los diferentes pesos solamente tenían las firmas.

—Hola, *Young*.

Los boxeadores jugaban al mus, rodeados de unos vagos, admiradores profesionales.

—Hola, chaval —dijo el ex campeón.

Los vagos le hicieron un sitio al boxeador *Young* Sánchez.

—Hay que comer patatas —dijo el ex campeón.

Los vagos se rieron.

—¿Eh, chaval? —preguntó el ex campeón.

—Si tú lo dices... —respondió *Young* Sánchez.

—Hay que comer patatas —dijo el ex campeón—, porque si no el estómago no aguanta... —y barbarizó.

Uno de los vagos palmeó las espaldas del ex campeón, que volvió la cabeza airado.

—¡Eh, tú, que no soy una tía!

—¿Atiendes o no atiendes? —preguntó uno de los de la partida.

—Calma —dijo el ex campeón—, tengo unos pares de muerte, con los que te voy a matar.

—Muy bien.

—Pues me paso hasta mi compañero, que os va a arrear de muerte.

Young Sánchez miraba la cara del ex campeón. Una cara con «mucha leña encima». Bajo las cejas, peladas de cicatrices, le brillaban hundidos los ojos. Las comisuras de los labios se le alargaban en dos rayas blanquecinas, que destacaban en el moreno de la piel y de la barba.

—Mátalos con un órdago [47]

Leña en los pómulos, leña en la nariz, leña en las orejas. Aceptaron el órdago y ganaron el ex campeón y su compañero. El ex campeón dijo satisfecho.

—Hay que comer patatas. Dos tiñosas [48] y dos ases. Ves, chaval, como hay que comer patatas. Y les das. Les das de derecha y luego de izquierda. Los dejas para sebo.

Uno de los vagos preguntó a *Young* Sánchez:

—¿Debutas por fin?

—No se habla —gritó el ex campeón—. No se habla, porque me distraigo. A hablar se va uno al mostrador.

Dieron cartas.

El compañero del ex campeón miró a *Young* Sánchez y sonrió:

—¿Son buenas las condiciones? —preguntó.

Young Sánchez le hizo un vago gesto de insatisfacción que formaba parte del juego cuando se hablaba de contratos. Un boxeador de alguna importancia nunca podía demostrar entusiasmo por el dinero de los contratos, siempre tenía que dar la impresión de que era algo muy por debajo de sus merecimientos. Al llegar a campeón, el juego variaba y había que dar la impresión contraria, la de que los contratos eran muy ventajosos.

El compañero del ex campeón era un buen peso ligero

---

[47] Órdago: Suerte en el juego del mus.

[48] Dos tiñosas...: Dos sotas y dos ases que componen lo que en el juego de mus se llaman duples.

que se disponía a irse a América. Se llamaba Raimundo Moreno.

—No se habla, *Ray* —dijo el ex campeón—. Hay que estar en el combate.

—Bien, *Marquitos* —respondió *Ray* Moreno.

—Hay que dar de nuevo —dijo el ex campeón—, porque tengo cinco cartas. Todo por hablar. Jugando no se habla.

—¿Dónde están las cinco cartas? —preguntó, mirándole, uno de la pareja contraria.

El ex campeón contó las cartas y sonrió con una amplia sonrisa de máscara.

—Nada de marrullerías —dijo el que había preguntado por las cartas—. Nada de suciedades.

El ex campeón, alborozado, golpeó con las palmas de las manos en la mesa.

—Con estas cuatro se acaba la partida. Órdago a todo. Y quiero una copa de coñac. Tú —señaló a uno de los vagos—, tráeme una copa de coñac.

El vago obedeció y se encaminó al mostrador.

—Órdago a todo —gritó el ex campeón—. Así se juega, *Ray*. Fíjate qué asalto. Qué pelea estoy haciendo, porque tú no me ayudas ni esto.

Hizo un ruido con el índice y el pulgar derechos.

—Bien, *Marquitos;* pero lleva cuidado —dijo *Ray*.

Siguieron la partida hablando únicamente las jugadas. El vago llegó con la copa de coñac.

—Gracias, segundo —dijo el ex campeón—. Te puedes tomar un chato a mi cuenta.

—Gracias, *Marquitos;* luego.

—Luego, no. Ahora, que es cuando te he invitado.

—Bueno; lo tomaré ahora.

—Atiende, *Marquitos* —dijo *Ray*.

—Estoy, estoy...

—Esta es la última. Ellos están a falta de cinco y nosotros de dos —declaró *Ray*.

—Pues órdago, no quiero perder a los puntos —dijo el ex campeón.

— ¡Quiero! —contestó uno de los contrarios.

El ex campeón perdió.

—Ves... —le reprochó *Ray.*

—A los puntos hubiera sido peor.

—Hubiéramos ganado si te pasas a todo.

—No, hubiéramos perdido.

Ray Moreno le hizo una suma del tanteo.

—¿Ves...?

—¿Quién me da un cigarro? —preguntó el ex campeón.

Uno de los vagos le ofreció una cajetilla de *Bisonte.* El ex campeón encendió un cigarrillo y principió a fumarlo como un fumador novato, casi soplando el humo.

—Esta partida estaba visto que la teníamos perdida desde el principio, totalmente perdida.

—¿Por qué? —preguntó *Ray.*

—Porque se veía. Yo lo he visto desde el primer momento, desde la campana.

Young Sánchez hablaba con *Chele* y Adrián Ortega que eran la pareja de ganadores.

—Yo voy a Zaragoza el sábado —dijo *Chele.*

—Dentro de dos semanas tengo combate en Barcelona —dijo Adrián Ortega.

Los vagos atendían al ex campeón. Éste dijo de pronto:

—Me marcho, porque me esperan, y mañana no vengo.

—Bueno, *Marquitos* —dijo *Chele*—, si mañana no hay partida, ya no la hay hasta que venga yo de Zaragoza.

—¿Tú también te vas? —preguntó el ex campeón.

—También me voy.

El ex campeón se quedó un momento pensando.

—Suerte, *Chele;* suerte, *Young.* Ya nos veremos. A comer patatas.

El ex campeón parecía bailar al caminar. Se paró un momento en el mostrador y pagó. Al andar se llevaba la mano derecha a la cabeza. Se dirigió a la puerta. Arreciaba la lluvia. *Young* Sánchez, *Chele,* Adrián Ortega y *Ray* Moreno le siguieron con los ojos. El ex campeón, al llegar a la puerta, no dudó y salió a la calle. La calle estaba solitaria.

Paco estaba sentado en la mesa de masajes de la cabina de boxeadores. Unos metros a sus espaldas, Bustamante se dejaba vendar las manos.

—Estira un poco la cara.

Paco obedeció a su segundo, que comenzó a embadurnarle el rostro de glicerina. Luego le dio una toalla para que se enjuagase.

—Ya estás listo.

Paco cerró el puño derecho y lo golpeó contra la palma de su mano izquierda, probando el vendaje. Luego, con el puño de la mano izquierda, golpeó en la palma de la mano derecha.

—¿Está bien? —preguntó el segundo.

—Bien.

—Voy a asomarme a ver cómo va el combate.

Era el último de aficionados. En cuanto acabara, les tocaba a ellos. De ellos, era el primero de profesionales de la velada mixta. Paco miró a Bustamante. Se lo habían presentado por la mañana en el pesaje oficial. Le había dicho «mucho gusto», y no le había oído nada más. Bustamante le llevaba apenas unos gramos, pero tenía más envergadura que él.

Entró el segundo.

—Les quedan dos *rounds;* ninguno de los dos pega —dijo—. Échate y te doy un poco de masaje.

—No es necesario.

—Como tú quieras, *Young.* ¿Estás tranquilo?

—Sí.

«Más envergadura que yo», pensó. Y de repente sintió que el miedo le trepaba por las piernas, debilitándoselas, le ascendía por el vientre y se le asentaba en el estómago. Una bola en el estómago. Una bola, eso era el miedo que obligaba a respirar fuerte, «porque ahogaba —pensó—, hacía daño y fijaba en ella toda la atención de uno». Se llegaba a sentir las dimensiones de la bola y su peso. Su miedo pesaba exactamente un kilo y no era mayor de tamaño que la pesa de un kilo de ultramarinos.

—Cálmate —dijo el segundo.

Paco sonrió inseguro.

—Cálmate —repitió el segundo—, eso acaba en seguida. Piensa en otra cosa.

Continuó sonriendo.

—El público estará de tu parte.

A medida que el segundo le hablaba, Paco iba recuperando seguridad. Prestaba atención a su segundo, eso era todo.

—Si te conservas fresco los cuatro primeros asaltos, el combate es tuyo, y si lo desbordas en el primero, también. Yo lo conozco bastante, ¿sabes? No le sigas su ritmo porque ahí no tienes nada que hacer. O desbordarlo o esperar.

Paco no se fiaba. El segundo parecía adivinarle el pensamiento.

—Fíjate en lo que te digo. Yo no te engaño.

El segundo hablaba en un tono muy bajo, muy suavemente.

—La ceja izquierda la tiene muy resentida; ahí debes dirigirte en los golpes a la cabeza. Y fájate los cuatro primeros, o si te atreves...; bueno..., no, es mejor que esperes.

Los del combate de fondo no se preparaban en la cabina común. Los del combate de semifondo acababan de entrar. Uno de ellos silbaba mientras se iba desnudando. Ninguno de los dos había saludado. Paco lo esperaba. Cada uno estaba pensando en el combate; cada uno sentía cómo el miedo le ascendía por las piernas, por el vientre, hasta el estómago.

—Ya han acabado —dijo el segundo.

—¿Vamos? —preguntó Paco.

—Deja que entren.

Bustamante miraba hacia la puerta. Se oían los aplausos y silbidos del público. Paco estaba de pie con la bata puesta. Su segundo le alargó una toalla, que se puso en torno al cuello. Se abrió la puerta y entró un muchacho sostenido por su segundo, que hizo una seña, significando la derrota. El muchacho apenas podía tenerse en pie y le ayudaron a echarse sobre la mesa de masaje. En seguida entró el ganador.

—Vamos —dijo el segundo.

Paco le siguió mansamente.

—Calma —dijo el segundo.

Ya caminaban por el pasillo entre la gente. Paco se estiró. Le llegaban los aplausos, como una calentura, hasta las sienes, que le palpitaban fuertemente. Ya sentía a sus partidarios. A sus primeros partidarios, que se habían pronunciado a su favor. Los sentía en los aplausos y en las palabras de aliento y en su deseo de violencia.

Saltó al *ring* y saludó con la mano derecha en alto.

Se fue a la escuadra. Vio a Bustamante saltar al *ring* y saludar. Calibró los aplausos.

—Las manos.

Casi se sorprendió ante la exigencia del árbitro. Extendió sus manos y el árbitro cumplió el trámite.

—Lo que te he dicho, no lo olvides —dijo el segundo.

—Bien.

Paco se quitó la bata y se la puso por los hombros. Después se calzó los guantes. Volvió a saludar con el puño enguantado cuando el *speaker* dio su nombre y su peso.

No tenía miedo. No sentía el cuerpo. Estaba más ligero que nunca. Los aplausos le levantaban. Los llamó el árbitro al centro del *ring*. Les hizo las recomendaciones de costumbre y encareció la combatividad: eran profesionales. Volvió cada uno a su rincón.

«Tengo que ganar», pensó. Abrió la boca y el segundo le colocó el protector. «Tengo que ganar —pensó— para ellos. Tengo que ganar este combate para mi padre y su orgullo, para mi hermana y su esperanza, para mi madre y su tranquilidad. Tengo que ganar.»

—Haz lo que te he dicho —dijo el segundo.

Entonces sonó la campana y se volvió. Estaban esperándole.

1957

Los viejos y los niños

La despedida

A través de los cristales de la puerta del departamento y de la ventana del pasillo, el cinemático paisaje era una superficie en la que no penetraba la mirada; la velocidad hacía simple perspectiva de la hondura. Los amarillos de las tierras paniegas, los grises del gredal y el almagre [49] de los campos lineados por el verdor acuoso de las viñas se sucedían monótonos como un traqueteo.

En la siestona tarde de verano, los viajeros apenas intercambiaban desganadamente suspensivos retazos de frases. Daba el sol en la ventanilla del departamento y estaba bajada la cortina de hule.

El son de la marcha desmenuzaba y aglutinaba el tiempo; era un reloj y una salmodia. Los viajeros se contemplaban mutuamente sin curiosidad y el cansino aburrimiento del viaje les ausentaba de su casual relación. Sus movimientos eran casi impúdicamente familiares, pero en ellos había hermetismo y lejanía.

Cuando fue disminuyendo la velocidad del tren, la joven sentada junto a la ventanilla, en el sentido de la marcha, se levantó y alisó su falda y ajustó su faja con un rápido movimiento de las manos, balanceándose, y después se atusó el pelo de recién despertada, alborotado, mate y espartoso.

—¿Qué estación es ésta, tía? —preguntó.

Uno de los tres hombres del departamento le respon-

---

[49] Almagre: Ocre rojizo.

dió antes que la mujer sentada frente a ella tuviera tiempo de contestar.

—¿Hay cantina?

—No, señorita. En la próxima.

La joven hizo un mohín, que podía ser de disgusto o simplemente un reflejo de coquetería, porque inmediatamente sonrió al hombre que le había informado. La mujer mayor desaprobó la sonrisa llevándose la mano derecha a su roja, casi cárdena pechuga, y su papada se redondeó al mismo tiempo que sus labios se afinaban y entornaba los párpados de largas y pegoteadas pestañas.

—¿Tiene usted sed? ¿Quiere beber un traguillo de vino? —preguntó el hombre.

—Te sofocará —dijo la mujer mayor— y no te quitará la sed.

—¡Quiá!, señora. El vino, a pocos, es bueno.

El hombre descolgó su bota del portamaletas y se la ofreció a la joven.

—Tenga cuidado de no mancharse —advirtió.

La mujer mayor revolvió en su bolso y sacó un pañuelo grande como una servilleta.

—Ponte esto —ordenó—. Puedes echar a perder el vestido.

Los tres hombres del departamento contemplaron a la muchacha bebiendo. Los tres sonreían pícara y bobamente; los tres tenían sus manos grandes de campesinos posadas, mineral e insolidariamente, sobre las rodillas. Su expectación era teatral, como si de pronto fuera a ocurrir algo previsto como muy gracioso. Pero nada sucedió y la joven se enjugó una gota que le corría por la barbilla a punto de precipitarse ladera abajo de su garganta hacia las lindes del verano, marcadas en su pecho por una pálida cenefa ribeteando el escote y contrastando con el tono tabaco de la piel soleada.

Se disponían los hombres a beber con respeto y ceremonia, cuando el traqueteo del tren se hizo más violento y los calderones [50] de las melodías de la marcha más

---

[50] Calderón: Signo musical que representa la suspensión del movimiento del compás.

amplios. El dueño de la bota la sostuvo cuidadosamente, como si en ella hubiera vida animal, y la apretó con delicadeza, cariciosamente.

—Ya estamos —dijo.

—¿Cuánto para aquí? —preguntó la mujer mayor.

—Bajarán mercancía y no se sabe. La parada es de tres minutos.

— ¡Qué calor! —se quejó la mujer mayor, dándose aire con una revista cinematográfica—. ¡Qué calor y qué asientos! Del tren a la cama...

—Antes era peor —explicó el hombre sentado junto a la puerta—. Antes, los asientos eran de madera y se revenía el pintado. Antes echaba uno hasta la capital cuatro horas largas, si no traía retraso. Antes, igual no encontraba usted asiento y tenía que ir en el pasillo con los cestos. Ya han cambiado las cosas, gracias a Dios. Y en la guerra... En la guerra tenía que haber visto usted este tren. A cada legua le daban el parón y todo el mundo abajo. En la guerra...

Se quedó un instante suspenso. Sonaron los frenos del tren y fue como un encontronazo.

— ¡Vaya calor! —dijo la mujer mayor.

—Ahora se puede beber —afirmó el hombre de la bota.

—Traiga usted —dijo, suave y rogativamente, el que había hablado de la guerra—. Hay que quitarse el hollín. ¿No quiere usted, señora? —ofreció a la mujer mayor.

—No, gracias. No estoy acostumbrada.

—A esto se acostumbra uno pronto.

La mujer mayor frunció el entrecejo y se dirigió en un susurro a la joven; el susurro coloquial tenía un punto de menosprecio para los hombres del departamento al establecer aquella marginal intimidad. Los hombres se haban pasado la bota, habían bebido juntos y se habían vinculado momentáneamente. Hablaban de cómo venía el campo y en sus palabras se traslucía la esperanza. La mujer mayor volvió a darse aire con la revista cinematográfica.

—Ya te lo dije que deberíamos haber traído un poco

de fruta —dijo a la joven—. Mira que insistió Encarna; pero tú, con tus manías...

—En la próxima hay cantina, tía.

—Ya lo he oído.

La pintura de los labios de la mujer mayor se había apagado y extendido fuera del perfil de la boca. Sus brazos no cubrían la ancha mancha de sudor axilar, aureolada del destinte de la blusa.

La joven levantó la cortina de hule. El edificio de la estación era viejo y tenía un abandono triste y cuartelero. En su sucia fachada nacía, como un borbotón de colores, una ventana florida de macetas y de botes con plantas. De los aleros del pardo tejado colgaba un encaje de madera ceniciento, roto y flecoso. A un lado estaban los retretes, y al otro un tingladillo, que servía para almacenar las mercancías. El jefe de estación se paseaba por el andén; dominaba y tutelaba como un gallo, y su quepis rojo era una cresta irritada entre las gorras, las boinas y los pañuelos negros.

El pueblo estaba retirado de la estación a cuatrocientos o quinientos metros. El pueblo era un sarro que manchaba la tierra y se extendía destartalado hasta el leve henchimiento de una colina. La torre de la iglesia —una ruina erguida, una desesperada permanencia— amenazaba al cielo con su muñón. El camino calcinado, vacío y como inútil hasta el confín de azogue, atropaba las soledades de los campos.

Los ocupantes del departamento volvieron las cabezas. Forcejeaba, jadeante, un hombre en la puerta. El jadeo se intensificó. Dos de los hombres del departamento le ayudaron a pasar la cesta y la maleta de cartón atada con una cuerda. El hombre se apoyó en el marco y contempló a los viajeros. Tenía una mirada lenta, reflexiva, rastreadora. Sus ojos, húmedos y negros como limacos [51], llegaron hasta su cesta y su maleta, colocadas en la redecilla del portamaletas, y descendieron a los rostros y a la espera, antes de que hablara. Luego se quitó la gorrilla y sacudió con la mano desocupada su blusa.

---

[51] Limaco: Babosa.

—Salud les dé Dios —dijo, e hizo una pausa—. Ya no está uno con la edad para andar en viajes.

Pidió permiso para acercarse a la ventanilla y todos encogieron las piernas. La mujer mayor suspiró protestativamente y al acomodarse se estiró buchona.

—Perdone la señora.

Bajo la ventanilla, en el andén, estaba una anciana acurrucada, en desazonada atención. Su rostro era apenas un confuso burilado de arrugas que borroneaba las facciones, unos ojos punzantes y unas aleteadoras manos descarnadas.

—¡María! —gritó el hombre—. Ya está todo en su lugar.

—Siéntate, Juan, siéntate —la mujer voló una mano hasta la frente para arreglarse el pañuelo, para palpar el sudor del sofoco, para domesticar un pensamiento—. Siéntate, hombre.

—No va a salir todavía.

—No te conviene estar de pie.

—Aún puedo. Tú eres la que debías...

—Cuando se vaya...

—En cuanto llegue iré a ver a don Cándido. Si mañana me dan plaza, mejor.

—Que haga lo posible. Dile todo, no dejes de decírselo.

—Bueno, mujer.

—Siéntate, Juan.

—Falta que descarguen. Cuando veas al hijo de Manuel le dices que le diga a su padre que estoy en la ciudad. No le cuentes por qué.

—Ya se enterará.

—Cuídate mucho, María. Come.

—No te preocupes. Ahora, siéntate. Escríbeme con lo que te digan. Ya me leerán la carta.

—Lo haré, lo haré. Ya verás cómo todo saldrá bien.

El hombre y la mujer se miraron en silencio. La mujer se cubrió el rostro con las manos. Pitó la locomotora. Sonó la campana de la estación. El ruido de los frenos al aflojarse pareció extender el tren, desperezarlo antes de emprender la marcha.

189

—¡No llores, María! —gritó el hombre—. Todo saldrá bien.

—Siéntate, Juan —dijo la mujer, confundida por sus lágrimas—. Siéntate, Juan —y en los quiebros de su voz había ternura, amor, miedo y soledad.

El tren se puso en marcha. Las manos de la mujer revolotearon en la despedida. Las arrugas y el llanto habían terminado de borrar las facciones.

—Adiós, María.

Las manos de la mujer respondían al adiós y todo lo demás era reconcentrado silencio. El hombre se volvió. El tren rebasó el tingladillo del almacén y entró en los campos.

—Siéntese aquí, abuelo —dijo el hombre de la bota, levantándose.

La mujer mayor estiró las piernas. La joven bajó la cortina de hule. El hombre que había hablado de la guerra sacó una petaca oscura, grande, hinchada y suave como una ubre.

—Tome usted, abuelo.

La mujer mayor se abanicó de nuevo con la revista cinematográfica y preguntó con inseguridad.

—¿Las cosechas son buenas este año?

El hombre que no había hablado a las mujeres, que solamente había participado de la invitación al vino y de las hablas del campo, miró fijamente al anciano, y su mirada era solidaria y amiga. La joven decidió los prólogos de la intimidad compartida.

—¿Va usted a que le operen?

Entonces el anciano bebió de la bota, aceptó el tabaco y comenzó a contar. Sus palabras acompañaban a los campos.

—La enfermedad..., la labor..., la tierra..., la falta de dinero...; la enfermedad..., la labor..., la tierra...; la enfermedad..., la labor...; la enfermedad... La primera vez, la primera vez que María y yo nos separamos...

Sus años se sucedían monótonos como un traqueteo.

1961.

190

Chico de Madrid

El mejor y más bonito modo de atrapar gorriones es el de la sábana emplomada cuando hay nieve, acercándose a la bandada silbando de distraídas. Si se quiere apedrear a un gato desinflado de hambre y pelón de tiña, lo importante es el sigilo, llevando las alpargatas colgando del cinturón. Para cazar una mariposa es necesario fingirse miope y poseer una boina grande, sucia y agujereada. Tratándose de un perro vagabundo, al que hay que atar una ristra de latas vacías a la cola, la técnica exige guiñar un ojo y caminar a la pata coja, como si se jugara. Las lagartijas requieren el cuerpo erguido, la mirada al frente y una delicada y cimbreante varita de fresno. Los grillos piden para que se les haga prisioneros tino y necesidades verecundas. Así, y no de otro modo, son las ordenanzas.

«Chico de Madrid» era un maestro zagalejo de moscas y Job caracol, llevando consigo un estercolero; a sus trece años sabía mucho más de caza suburbana que el más calificado cinegético. Se había educado en las orillas del Manzanares, aprendiéndolo todo por experiencia. «Chico de Madrid» era bisojo y autodidacto, sucio y tristón, colillero vicioso y rondador de cuarteles en busca del pre [52] sobrante; saltaba tapias y trepaba a los árboles con agilidad, pero nunca se salió de la ley. Tenía algo de orgullo y bastante puntería, por lo que pudo tener pandilla o doctorarse en golfo o pertenecer a cualquier sociedad de pequeños ladrones. Mas nada de esto le interesaba, por-

---

[52] Pre: Prest, rancho.

que poseía un alma pura y aventurera. Proposiciones tuvo de pecar del séptimo y ciertos vividores de orilla le pronosticaron una gran carrera, mas él prefirió siempre la alegría de sus cotos y el croar de las ranas cuando, panza arriba, contemplaba las estrellas en las noches de verano, luminoso y santificado por las luciérnagas y llevándole el sueño las libélulas, el sueño y los picores de los piojos que olvidaba.

«Chico de Madrid» no se metía con nadie; vivía a temporadas con su madre, viuda de un barrendero, que se dedicaba a vender caramelos y semillicas a los niños más pobres de la ciudad; vivía, por duelo y misterio, algunas veces en cuevas de solares y otras en garitos —cuando apretaba el padre invierno— de perra gorda y abundante compañía. Comía lo dicho antes: sobrantes de rancho y alguna fritanga de extraordinario. Se empleaba de recadero con el dueño de un tiovivo, diminuto y solitario, colocado junto a un puesto de melones —cuando había melones—, que casi nunca funcionaba, y al que traía arenques y vino aguado para las comidas; chismes de un lado y otro para las sobremesas. Con los gorriones sacaba algunas pesetas; con los grillos, pan y tomate; con las lagartijas, harto solaz, y con los perros sacó una vez un mordiscote que le dio fiebre como si estuviera rabiado, y que le obligó a andar con tiento en adelante.

Casi era el único viajero del tiovivo. Se reía con todas sus fuerzas viajando en el aeroplano de hojalata o en el cerdito desorejado o en el rocinante, desfallecido de antiguos galopes en las verbenas de verdad. Porque aquella verbena, su verbena, era una especie de asilo de inválidos que las corrieron buenas, pero que ya no estaban para muchas. Al dueño, que se llamaba Simón y tuvo barraca de monstruos de la naturaleza cuando joven, se le ocurrió repintar el tiovivo. Nunca la gozó más «Chico de Madrid»; se puso hecho un adefesio, y entre ambos dejaron todo pringoso y con expresivas huellas digitales. La pintura se la habían comprado a un chapucero y era de tan mala calidad que no se secaba; el polvo se pegaba en todas partes, ennegreciendo el conjunto, según ellos.

Para colmo, todos los niños que se montaron con sus trajecitos limpios, el domingo de aquella semana, salieron verdaderamente repugnantes, costándole a Simón muchas reclamaciones de indignados padres y llantos de niños de diversos colores, que se retiraban de su clientela. Simón cambió de barrio, pero «Chico» no se fue con él porque era, ante todo, libre, y porque las orillas del Manzanares tenían mucho que descubrir y que colonizar.

Llegó la temporada de las ratas... Las ratas no son animales repugnantes y tienen, por otra parte, el morro gracioso y los bigotes de carabinero del tiempo de Mazzantini [53]. Las ratas viven en una ciudad al revés, que impulsa a despreciar las pompas y vanidades humanas; una ciudad donde hay mucho sueño y donde ni ellas pueden dormir. «Chico de Madrid» mataba las ratas, las mataba por *sport,* como otros matan pichones. Se divertía con su tiragomas, «paqueándolas» [54] sin prisa. Conocía la mejor hora: la del atardecer, cuando la tierra se pone morena y hay violetas en los tejados y el primer murciélago hace su ronda de animalejo complicado. Se sentaba solemne frente a las cuevas, mirando fijamente con la media risa de sus ojos, el arma homicida sobre las piernas y una canción como de cazadores por los labios. Se decía a sí mismo:

—Ya está. Asoma, bonita.

Y la rata averiguaba con su morrito saltimbanqui lo que había en la tarde. Luego la veía en silueta, aún indecisa, dando una carrerilla hasta la trinchera del río. Se encendía un farol lejano que enviaba una triste luz de iglesia pueblerina hasta la orilla. «Chico» tensaba las gomas. La rata presentía algún peligro y daba la vuelta; iba a correr a su agujero. Aquél era el momento; le costaría subir. «Chico» empujaba una piedrecilla con el pie. La rata salía disparada y de pronto se le quebraba la vida en un aspaviento. Le había acertado. Después bom-

---

[53] Mazzantini: Torero vasco de finales del siglo XIX.
[54] Paquear: Disparar como los pacos. Se llamaba paco al moro de las posesiones españolas que, escondido, disparaba sobre los soldados.

bardeaba el cadáver con pedruscos. Solía hacer tres o cuatro víctimas por sesión.

Las ranas también·le atraían. Mostraban su barriga búdica y una como papada de bonzo bien alimentado que le despertaban escalofríos criminales. Las atrapaba por el método del caracol y luego les hacía el martirio chino, cumpliendo un rito geográfico de grave importancia cultural. Acababa malvendiéndolas en algún figón y con las monedas que le daban se iba al cinematógrafo, que todavía era mudo y se cortaba siempre en lo más emocionante, porque la película duraba varias sesiones, en las que no había forma de apresar a Fu-Man-Chu, a pesar de que el «gallinero» animaba constantemente a los buenos, que, aparte de buenos, eran algo cerrados de mollera.

«Chico de Madrid» hizo un día amistad con un muchacho, resabiado de la vida, que hablaba como un loro, jugaba a las cartas como un profesional y era hijo de un oscuro anarquista que penaba en San Miguel de los Reyes. «Chico de Madrid» quedó deslumbrado y aquel vaina desplazó de su corazón a los héroes de las películas y de los periódicos de aventuras. Se hizo fanático de él y abandonó sus cacerías y su pureza por seguir su pata coja hasta la misma Puerta del Sol. Él le enseñó a pedir con voz sollozante, acercándose mucho al limosnero para despertarle ascos:

—Señor, señor, una limosna para este expósito, que purga culpas de padres desnaturalizados. Nacido en enero y abandonado en la nieve.

Y después, recitado velozmente:

—El blanco sudario fue el regazo que acogió sus primeros llantos de niño. Una limosna para lo más necesario y vaya usted con Dios con la conciencia tranquila por haber hecho una obra de caridad.

Nadie se tragaba el cuento, pero todo el mundo les daba alguna perrilla, porque se los querían quitar de encima. El pregón de sus miserias lo había sacado aquella especie de paje de espantapájaros de una novelilla sentimental y manoseada que un amigote le había prestado. «Chico» colaboró literariamente, arreglándolo a las circunstancias. Ganaban su dinero. En los repartos el cojo se quedaba con la mayor parte, porque para algo era el jefe.

Una tarde de toros en que el sol quemaba de canto y la gente tenía los ojos llenos de picores de modorra, «Chico» y su jefe fueron a piratear a las puertas de la plaza. La gavilla de sus conocidos haraganeaba por allá en busca de corazones blandos o de estómagos satisfechos que necesitaban digestión sin molestias. Los guardias a caballo estaban tristes como estatuas.

Se hacía obligatoria la tragedia en el ruedo. Los novilleros —porque había novillada— debían estar desfigurados, borrosos de miedo. Los novillos estarían medio ahogados y quemados de las punzadas de los tábanos. Tal vez los picadores estuvieran aletargados con sus caras de tortugas gigantes, balanceando las cabezotas. Los caballejos, como los de su tiovivo, vacilantes y cansados. El presidente, orondo, fumándose un veguero, entre eructos disimulados. La plaza, frenética. Y la bandera, que él veía sobre el azul del cielo, poniendo sus crudos colores de estío africano, cortando, inmóvil, las retinas de los contempladores. Pasaban rostros abotagados que con el calor y la respiración parecían higos reventones llenos de dulzor. A ellos se acercaba «Chico» misereando:

—Señor, señor, una limosna, por caridad, para este pobrecito, que hace dos días que no prueba bocado y vive en una choza con siete hermanitos, sin madre y con padre holgazán.

Había variado la retahíla con astucia porque si se les ocurría decirles a los señores gordos que habían sido abandonados en la nieve los iban a juzgar los pobres más felices del mundo.

«Chico de Madrid» oyó voces detrás de él y de pronto se sintió cogido por el cuello de la camisa. Un municipal lo tenía agarrado con la mano izquierda, mientras con la derecha casi arrastraba a su compañero, que pataleaba con fingido llanto. «Chico» intentaba escaparse por ley natural, por lo que recibió un terrible puntapié que lo calambró y lo dejó como cuando a una lagartija le cortan el rabo. Comenzó a hipar y a dar berridos, por lo que fue sacudido violentamente y conminado a callarse. Otro guardia municipal parsimonioso y con galones, se acercó a ver lo que pasaba. Ya tenían grupo en torno y algunas señoras, con impertinentes, aromosas y con ganas de saberlo todo, hociqueaban ante ellos entre con tristeza falsificada y evidente repulsión. El de los galones interrogaba al que les estaba dando garrote vil con sus manazas:

—¿Y estos pájaros?

—El cojitranco éste que se pringaba[55] en un reló —decía dándole un empujón al jefe—. Y este otro —lo señalaba con gesto de cabeza—, que había venido con él, que yo los vi cuando llegaron y estaba haciendo el paripé pidiendo.

—Pues a la *trena,* y los amansas si se sienten gallos.

«Chico de Madrid no se sentía gallo; se sentía pájaro humildísimo y asustado gorrión. El guardia casi le ahogaba, pero se mordió los labios aguantándose porque, sin ninguna duda, había llegado la hora de callar y echarle pecho al asunto. De su jefe juraba vengarse, porque no estaba bien hacerle aquella jugada del silencio cuando el guardia .se acercó a cogerle. Se derrumbó su héroe al mismo tiempo que le llegaba a la boca un sabor agrio de principïos de vómito, porque el guardia le apretaba cada vez más. Tuvo una arcada. El guardia se paró soltándole del cuello y cogiéndole por la espaldera de la camisa. «Chico» notó que su salvación llegaba, dio una arrancada y salió corriendo. Oía confusamente las voces del guardia pidiendo ayuda e incapaz de perseguirle, so pena de perder al prestidigitador aficionado que danzaba como un ahorcado en los bandazos y los achuchones de lo que quería ser carrera entre la gente... «Chico» se escurría con rapidez; pasó un tranvía y se colgó de los topes. ¡Estaba salvado!

Le sorprendió el fresquillo acariciante de la madrugada tumbado a las orillas de su río, oyendo cantar a las ranas y dejando que se le fuera el pensamiento por los incidentes de la tarde. No volvería a la ciudad; su puesto no estaba en la ciudad, sino en el límite de ella: entre el campo grande de las anchas llanadas y la apretura es-

---

[55] Pringarse en: Robar.

tratégica de los primeros edificios. En aquel terreno de nadie, suyo, con gorriones vestidos de saco y lagartijas pizpiretas, con perros famélicos y sabios y gatos alucinantes, con ratas y mariposas, con grillos y ranas, con el hedor de su río y el perfume lejano del tomillo campesino. No, no volvería a la ciudad y se dedicaría a pasarlo bien por aquellos andurriales hasta que lo llamaran a quintas. Se fue quedando dormido en el relente de la mañana; luego, el sol comenzó a calentarle los pies y a ascenderle por el cuerpo, despertándole con un grato hormigueo. «Chico de Madrid» se desperezó, se restregó los ojos y marchó en busca del desayuno silbando alegremente. Ahora sí que estaba salvado de verdad.

Habían pasado algunos días. Su vida era tranquila y medieval: comer, dormir, cazar. No comía muy bien, ni dormía muy blandamente, ni cazaba otra cosa que animales inmundos, pero él estaba muy a sus anchas. Aquella tarde pensaba hacer una exploración por una alcantarilla vieja y abandonada, y ya se regodeaba soñando con lo que en ella iba a encontrar. Iba a encontrar ratas como caballos y puede que de añadidura se topase con algún esqueleto humano. Esto le parecía difícil; pero si lo encontrara, si lo encontrara, iba a ser rico, tremendamente rico de misterio. Sabía que cierta vez unos obreros, en un solar cercano, cuando trabajaban para levantar los cimientos de una casa, al lado de una antiquísima cloaca, hallaron varios esqueletos que, según se dijo, eran de los franceses, de cuando el 2 de mayo. «Chico» soñaba desde entonces con esqueletos de franceses, aunque no le importaban mucho sus nacionalidades, porque con que fueran esqueletos como los que había visto tenía bastante.

A las cuatro de la tarde, armado de una estaca y con un farolillo de carro, dio comienzo a su exploración. Llevaba un riche [56] por si tenía hambre y una vela y una caja de cerillas por si necesitaba repuesto o se dilataba demasiado cazando. Entró por el tunelillo encorvado y un tufo ácido le avispó la nariz. Se colocó un trapo a modo de

[56] Riche: Barra de pan.

197

careta preservadora y siguió avanzando impertérrito rumbo a lo desconocido. El farolillo le danzaba la sombra; una humedad grasa le manchaba las manos cuando las rozaba con las paredes; el garrote le hacía caminar como un extraño animal que tuviera allí mismo su cubil. Estuvo andando mucho tiempo, hasta que las espaldas se le cansaron; entonces montó su campamento, dejó el garrote y merendó su riche. Pensó en volver. La cloaca estaba vacía. No había esqueletos y lo más gordo era que tampoco había ratas. Se volvió.

«Chico de Madrid» comenzó a sentir algunos trastornos intestinales. La frente le ardía. La última noche no pudo dormir de desasosiego. Fue a casa de su madre, a la que no veía desde la tarde en que se le ocurrió explorar la cloaca. La pobre mujer, después de regañarle, lo lavó como pudo, le hizo ponerse una camisa de su padre, guardada con todo esmero como recuerdo, y le invitó a tenderse en el jergón. Salió breves momentos a la calle y luego regresó con un gran vaso de leche. «Chico» tampoco pudo dormir aquella noche.

Pasaron dos días. Cuando el médico llegó era ya demasiado tarde. «Chico», el buen «Chico», estaba en las últimas. La madre, fiel, sentada a sus pies, sin soltar una lágrima, se asombraba de lo que le ocurría a su hijo. El médico se limitó a decir: «Tifus; ya no hay remedio.» Y «Chico de Madrid» murió porque no había remedio. Murió a la misma hora en que salen sus ratas a averiguar la tarde con los morritos saltimbanquis, cuando la tierra se pone morena y hay violetas en los tejados y el primer murciélago hace su ronda de animalejo complicado y se extiende como una gasa de tristeza por las orillas del Manzanares. «Chico de Madrid» murió a consecuencia de su última cacería, en la que si no pudo cazar ratas, como nunca falló, cazó un tifus; el tifus que lo llevó a los cazadores eternos, donde es difícil que entren los que no sean como él, buenos; como él, pobres, y como él, de alma incorruptible.

1950

Los seres libres

Los bienaventurados [57]

Pedro Lloros tenía la tripa triste. Pedro Lloros comía poco, y no siempre. En el verano se alimentaba de peces y cangrejos de río, de tomates y patatas robadas, de pan mendigado, de agua de las fuentes públicas y de sueño. En el invierno de rebañar en las casas limosneras los pucheros, de algún traguillo de vino y también de sueño, que es el mejor manjar de un pobretón. Por la primavera y el otoño, sus pasos se perdían. Pescador era bueno; ladrón algo torpe; vago, muy vago. Odiaba a los gimnastas.

Todos los vagos del mundo odian a los gimnastas, que malgastan sus fuerzas sin saber por qué. En cambio, los amigos de Pedro Lloros se tumbaban al sol a dormitar o a rascarse, y cuando llegaba el frío se hacían encarcelar. Pedro nunca había pasado el invierno en la cárcel por miedo. Una vez le pillaron distrayendo fruta en el mercado y las vendedoras de los puestos de abastos, al verle tan triste y hambriento, le perdonaron.

Pedro Lloros poseía un corazón chiquito y veloz. Se asustaba de todo y se apellidaba perfectamente. Era calvo, retorcido, afilado de cara, y llevaba la bola del mundo, en vez de en los hombros, en la barriga. Su madre lo parió sietemesino y zurdo, y su padre no pudo hacer carrera de él porque, a decir verdad, no se empeñó mucho, y Pedro, desde muy chico, quiso no servir para

---

[57] Título inicial: Pedro Lloros y sus amigos, *Correo literario*, 1 de julio 1951.

nada. Pedro perdió a sus padres en una epidemia de gripe; después estuvo llorando y quejándose mucho tiempo, hasta que se hizo amigo de don Anselmo, un mendigo de sombrero agujereado y bastón con puño de metal. Don Anselmo le presentó a sus conocidos. La presentación en sociedad de Pedro fue muy alegre: todos se emborracharon y luego discutieron; por fin, se pegaron. Pedro no se atrevió a abrir la boca por temor de que le saltasen los dientecillos, ratoneros y careados, de una bofetada. Luego, todos le quisieron. Bienaventurados.

Bienaventurados los vagos, porque sólo son egoístas de sombra o de sol, según el tiempo.

Bienaventurados porque son despreciados y les importa un comino.

Bienaventurados porque son como niños y les gusta jugar a cazadores para alimentarse y no para divertirse.

Bienaventurados porque tienen el alma sensible y se duelen de las desgracias del prójimo: de que el prójimo trabaje demasiado, de que el prójimo luche por una posición en la vida, de que el prójimo sea tonto

Bienaventurados los vagos porque son temerosos de la .ley, aunque nada tienen que perder.

Bienaventurados porque son como minerales con alma y porque les gusta divertirse honestamente y porque lloran cuando se les hace daño y porque hablan de tú a las estrellas y porque dicen «el padre sol» y «la madre luna» y «la noche está serena» o «el día está amurriado», o «la trucha se pesca en los pocillos frescos y el cangrejo mejor es el de agosto», y saben refranes antiguos y a los vientos les cambian los nombres. Bienaventurados los vagos.

Pedro Lloros estaba pasando el invierno a trancas y barrancas. Dormía bajo los puentes, con el alma en vilo de que se lo llevase una crecida. Le quedaban dos amigos, los otros estaban invernando en los calabozos. Andaba Pedro algo atosigado con los bronquios, que le silbaban como locomotoras. Iba vestido a la antigua usanza de los vagos: así, botas distintas y picañadas, pantalón con ventanas en el lipurdi [58] y balcones en las rodillas roñadas, elástico camuflado con cuadritos de diversos colores, bufanda de marino (asilo de bichejos), abrigo holgado, desflecado, tieso de coipe y de hechura militar. Se cubría con una manta de caballo y apoyaba la cabeza en un fardel con corruscos, camisas de verano, folletín de entretenimientos y lata para recibir sobrantes. Sus dos amigos también iban de uniforme. Los tres cubrían sus cabezas moras con boinas de colador.

Pedro Lloros se trataba de usted con Lino y Andrajos. Lino era bueno, santurrón, rezador extraño. Andrajos se llamaba así y tenía algo picadillo el genio, fue oficiante de soplón, aunque lo dejó por no parecerle honrado el oficio; sabía leer y escribir y era el que leía el folletín propiedad de Pedro cuando estaban absolutamente aburridos. El folletín tuvo algo de culpa en lo que pasó.

Y pasó que, como eran ingenuos y se lo creían todo, porque nada les costaba creérselo, pues empezaron a darle vueltas a un asunto que les había sugerido, en parte, el absurdo folletín. Hasta entonces robaron, sí, para comer, lo que siempre tiene disculpa, mas no se les ocurrió jamás robar para divertirse o para mejorar de existencia, porque se divertían a ratos perdidos y no pensaron nunca en variar de vida. Celebraron los tres una larga conferencia. Lino dijo:

—Hay que cambiar de vida. Hay que dormir bajo techo, que esto de estar siempre, para luego morirse, aguantando las cuchilladas del viento y el frío, es una vaina. Hay que procurarse posibles.

Pedro Lloros asentía con la cabeza, que era tal la de un eremita del desierto, hambriento y enloquecido, en cuanto se quitaba la boina. Arreglaba, entretanto que Lino discurseaba, unos calcetines con tres islotes de lana, porque todo lo demás era océano de nada. Andrajos, pensativo, dibujaba en la tierra húmeda, con un palito aguzado, hombres obesos y mujeres opulentas. Lino se empeñaba en cambiar de vida.

—Sí, Andrajos. Tú, que tienes más cultura, lo puedes

---

[58] Lipurdi: Trasero.

comprender mejor. La vida hay que gozarla, porque luego se te para el reloj y te entierran, con buena suerte, porque si caes por el hospital se dedican a hacerte pizcas y a estudiarte.

Andrajos se sorbió los mocos y ladeó la cabeza, como un artista consumado, contemplando sus monstruosos dibujos.

—Puede ser, Lino.

—Sí, Andrajos, tenemos que decidirnos, porque todavía no se ha pasado el invierno y un día nos encuentran a los tres tiesos. Hay que buscarse un resguardo y para encontrarlo hay que buscar dinero, mucho dinero; lo menos cuestan las camas a dos pesetas y somos tres, y hasta que llegue la primavera faltan muchas semanas.

Andrajos levantó la cabeza, siguió el vuelo de un gorrión, bajó la mano a la entrepierna.

—Sí, Lino. Hay que buscar algo.

Pedro Lloros seguía fabricando islotes y haciendo retirarse el océano hasta la planta del calcetín.

Ya era mediodía. Hacía frío debajo del puente y salieron a enfriarse un poco menos a la orilla del río. El río traía ruido ahogado y remolinos juguetones; venía turbio. Los árboles cercanos parecían hundirse hasta el ombligo, a media distancia de la copa, en el agua. Una urraca se paró en las ramas de un olmo, parecidas a los brazos de algunos mendigos que piden a la salida de las ermitas en las romerías del verano. Un animal, como un perro, en el cercano meandro, salió corriendo cuando les vio aparecer. Lino se había fijado en él.

— ¡Anda, una nutria!

Andrajos contestó:

—Sí, Lino. Si la cazáramos…

—Si la cazáramos —soñó Lino— sería el principio de algo, ¿no te parece? Cuesta mucho una piel de ésas. Habría que no estropearla. Cazarla cuando pesca. Con mucho cuidado…

Pedro Lloros miraba a la revuelta del río por donde desapareció el animal. Intervino por fin:

—Sería una lotería, ¿no les parece? Además, la carne la podríamos aprovechar, ¿verdad?

—No creo que usted fuera capaz de comérsela —le atajó Lino—. Sabe a pescado podrido.

Pedro Lloros se arrojaba a la acción, importándole poco el sabor.

—Yo una vez comí pescado de unos días y no me pasó nada. ¿Ustedes creen que podría ocurrirnos algo?

Andrajos entornaba los ojos mirando el agua. Arrojó un palito, después otro y otro. El río se los llevaba dando vueltas o los orillaba en seguida.

—Puede que no.

Lino se levantó del suelo y se desperezó. Por la carretera se acercaba, tardo, un carro de bueyes cargado de remolachas. Delante caminaba con la aguijada sobre el hombro un hombre musculoso que los contemplaba fijamente. Encima del carro, sobre unos sacos vacíos para no mancharse, iba un mozalbete. Las voces les llegaron a los tres vagos, claras y conmiserativas.

—¿Quiénes son ésos, padre?

—Gitanos, chico. Échales cuatro o cinco remolachas y un pedazo de pan.

Al pasar, casi por encima, el mozuelo les tiró las remolachas y el pan.

—Ahí va.

Ellos ni se movieron. Se quedaron mirándoles mientras la carreta avanzaba hacia la ciudad. Las voces les despertaron a su conversación. El rapaz le decía a su padre:

—No han dicho nada.

El aldeano se volvió con la vara a aguijar a los bueyes.

—Ni falta que hace, chico.

Lino se escurrió hasta el río. Un pez sin cabeza bajaba flotando sangrante. No lo pudo coger y se perdió por uno de los ojos del puente, todavía coleando. Volvióse a los amigos.

—Es de la nutria. Lo acaba de coger. Vamos a ver por dónde anda. Usted, Lloros, se queda guardando la casa. Date prisa, Andrajos.

Cogieron unas garrotas que usaban para defenderse de los perros y caminaron, saltando por los surcos del arado de la parcela limítrofe, para dar un rodeo y acercarse sin ser vistos donde sospechaban que estaba el animal. Pedro Lloros se sentó.

Sentado, meditativo, mientras los cazadores buscaban la ventura, hacía surgir el calcetín de la nada. Lo recreaba con lanas de distintos colores. Levantó la cabeza, se fijó en las remolachas y en el pan que le habían echado. Con las remolachas hizo un montón, el pan lo limpió del barrillo que se le había pegado, le quitó un trocito, para probarlo, y lo dejó sobre una piedra seca. Siguió en su labor.

Cuando más entretenido estaba Lloros repasando sus calcetines, le llegó una voz autoritaria, gruesa, desde la carretera. La voz le produjo un escalofrío.

—Lloros, hay que ahuecar el ala antes de la noche. Son órdenes del sargento. No creo que tenga necesidad de repetírtelo esta tarde. De modo que a cambiar de paisaje o a dormir al raso y calientes si no lo hacéis. Díselo a los otros dos, y ojo, mucho ojo.

Pedro alzó la cabeza y vio apoyados en el pretil a dos guardias: el cabo Domingo Martín y el número Jenaro Huertas. El cabo Martín sonrió luego:

—El otro día vi a don Anselmo. Está pasando treinta días. Ha engordado y se le nota que el rancho lo ha hecho otro. Me dijo que si os veía que hiciera el favor de saludaros. Que os cuidéis, que tengáis espíritu, que aunque ahora están las cosas muy difíciles ya cambiará todo con la primavera. Que recéis y no seáis ateos, que eso se paga luego. El pájaro se ha hecho muy amigo del capellán.

Luego cambió la voz.

—Bueno. Lo dicho y no olvidarse. No me vengáis con triquiñuelas porque os calentaré las costillas. Adiós, Lloros.

—Adiós, don Domingo. Adiós, señor Huertas.

Los guardias hincharon los pechos y caminaron. El pretil fue cubriendo su marcha. Lloros se agachó a coger una piedra y la lanzó pastorilmente al río. La piedra hizo cloc y saltó una columnita de agua. Parecía que se le había escapado una rana de las manos. Luego se quedó meditando al compás de las ondas que se extendían leves hasta la orilla. Así le sorprendieron sus amigos:

—Nada, Lloros —dijo Lino—. Se ha escapado la muy zorra. Pero la hemos visto, ¿verdad, Andrajos?

—Sí, Lino.

—Le prepararemos una trampa —continuó Lino—, y dentro de tres días será nuestra, porque por donde se ensucia ya sabemos donde viene a pescar.

Pedro seguía ensimismado. Se volvió, al fin, hacia ellos.

—Oiga, Lino, han estado los guardias. Hay que ahuecar antes de la noche, ha dicho el cabo. Si no, palos. Para nosotros no hay trena. Han dicho que tenemos que cambiar de paisaje, que éste no nos va. Y recuerdos de don Anselmo.

Se hizo entre los tres un silencio. Lino se quejó de la mala suerte:

—Ahora que podíamos hacernos con unos duros.

Andrajos se sentó en el suelo y se puso a dibujar con su eterno palito hombres gordos y mujeres de pechos vacunos. Pedro esperaba que Lino aclarase el compromiso.

—Pues habrá que marcharse —dijo Lino—. Lo mejor es estar a buenas con esa gente, ¿no te parece, Andrajos?

—Sí, Lino.

—¿Y a usted, Pedro?

—Lo que usted diga, Lino. Yo de estas cosas sé poco. Además, mi opinión no vale mucho. Pero se me ha ocurrido una cosa.

Lino se apoyaba en la garrota perrera descorazonado, con un gesto raro en la cara que le profundizaba los surcos de las mejillas.

—Diga, diga, Pedro.

Pedro Lloros titubeó antes de empezar, se puso de pie, se sonó primitivamente ayudándose del dedo pulgar.

—Antes decían ustedes que había que cambiar de vida. Yo no sé cómo, pero se me ha ocurrido que cogiendo algunos de esos hierros que no sirven para nada —hizo una pausa—. ¿No se acuerda usted, Lino, de los hierros que están amontonados a la orilla de las puertas?

Lino asintió.

—Pues podíamos coger, digo yo, algunos hierros y venderlos por chatarra. Yo creo que a nadie le importaría eso. Además, hay muchos, ¿no les parece?

Lino se echó para atrás la boina y se rascó la frente.

—Pudiera ser, pudiera ser. ¿Qué opinas de esto, Andrajos?

—Que está bien, Lino.

—Pues no se nos había ocurrido antes. Y ¿de dónde le ha venido a usted la idea, Lloros?

—Ha sido el libro que tengo en el saco. Eso de robar a los ricos para dar a los pobres no está mal. Además nosotros no robamos a nadie. Cogemos lo que está tirado y nada más.

—Claro, claro —se consultaba consigo Lino—. Lo que ocurre es que a otros no les puede parecer así.

Lloros se entristeció.

—¿Es que no le parece a usted bien?

—Sí, hombre, pero tiene sus dificultades. Vamos a verlo.

Los tres vagos se sentaron en cabildo y Lino comenzó a hablar en voz baja trazando el plan del robo. Luego, sonrientes se levantaron, cogieron sus cosas de debajo del puente y subieron a la carretera. Lino se adelantó.

—Buenas tardes, don Domingo. Buenas tardes, señor Huertas. Como ven ustedes, ya nos vamos.

—Así me gusta —dijo el cabo, y después sonrió—. A ver si no se os ve el pelo en una temporada, hasta que se pase esta racha. Adiós, bribones.

Los tres vagos se quitaron las boinas.

—Adiós, don Domingo. Adiós, señor Huertas.

A los guardias les apretaba el cinturón. Caminaron solemnes por la carretera. Pedro Lloros y sus amigos se perdieron en dirección contraria. La tarde se maduraba de reflejos en los tricornios. Las boinas de los tres vagos parecían nidos abandonados de pájaros de invierno.

El chatarrero no quiso comprarles los restos de faroles viejos que le llevaron. El chatarrero temía a la justicia. Ya le había ocurrido otra vez —decía él—, que por adquirir género ilegítimo se las tuvo que ver con los civiles...

Los tres vagos desconsolados, caminaron rodeando la ciudad hasta perderse por los campos de occidente. Iban encorvados bajo el peso de los sacos, llenos de hierros herrumbrosos. Ya era de noche.

Los tres vagos se adentraron en un bosquecillo bajo, húmedo, medieval, e hicieron un campamento. Encendieron una hoguera y comenzaron a meditar. Lino se despertó el primero, de la angustia.

—Ya está. Esto no lo podemos devolver, nos cogerían. Hay que enterrarlo para borrar las huellas.

A Pedro se le despertó el niño que llevaba dentro: niño manso y soñador.

—Sí. Hay que enterrarlo como si fuera un tesoro. Esto es mucho mejor que devolverlo, porque igual nos verían y entonces sí que no nos escapábamos de una buena.

Lino se puso serio.

—¿A ti qué te parece, Andrajos?

—A mí bien.

—Pues manos a la obra. La tierra está blanda y no es necesario mucha profundidad.

Comenzaron a trabajar cercanos a la hoguera. Las llamas les derretían las sombras. Pedro Lloros estaba contento. Una lechuza silbaba calumnias. Había algo entre ridículo y espantable en aquellos seres enterrando hierros enroñecidos.

Los guardias Domingo Martín y Jenaro Huertas se guiaron por la lumbre de la hoguera. Pedro Lloros y sus amigos no les sintieron llegar. Estaban armando un catapé al volver los sacos sobre el hoyo. La linterna del cabo Martín los paralizó en su trabajo.

—Hola, buenos mozos. Con que jugando a ladrones, ¿eh?

Se volvieron los tres lentamente sin saber qué decir. El guardia se reía.

—Buena me la habéis jugado. Y ahora, ¿qué tengo que hacer yo sino calentaros el cuero? Y luego decís que somos así y asá. Venga cargar los sacos de nuevo y andando.

209

Lino se levantó:

—Mire usted, don Domingo, es que el hambre es muy mala consejera.

Se mofaba el cabo:

—Ya, ya.

—Es que hace demasiado frío en el campo.

—¿Y por eso hacéis que los que os conocemos tengamos que andar de noche? Venga, menos historias y arreando.

Pedro Lloros estaba a punto de morir de miedo.

—Señor guardia, ¿qué nos va a pasar?

Casi se le saltaban las lágrimas y le temblaba todo el cuerpo.

—¿Qué os va a pasar? Pues nada, que habrá zurra en gordo —se deleitaba el cabo haciéndoles sufrir.

Pedro no se sobreponía.

—Don Domingo, yo no lo podré resistir. Estoy enfermo.

—Pues haberlo pensado antes. El que la hace, la paga.

Se hizo un grave silencio agujereado por el silbido de la lechuza.

Los tres vagos, con los sacos al hombro, comenzaron a caminar seguidos de la pareja. El cabo sonreía:

—Ahora sí que vais a cambiar de paisaje. Y no me hagáis ninguna tontería porque al primero que corra lo tumbo.

Caminaban de prisa. Silencio otra vez. Los silbidos de la lechuza ya no se oían. Las luces de la ciudad cabrilleaban cercanas. El cabo se enterneció.

—Bueno, muchachos, no apurarse, que jugáis con ventaja. Ahora a dormir caliente y a comer durante quince días. Después, Dios dirá. Y no me lo agradezcáis a mí, agradecérselo al chatarrero que fue el que nos vino con el cuento.

Lino respiró profundamente. Andrajos escupió largo. Pedro Lloros se enjugó una lágrima. Los tres dijeron al unísono:

—¿De verdad?

Y el guardia, dándole un puntapié a Pedro, les contestó:

—Sí, muchachos, que le salís más caros al Estado que los ladrones de verdad. Allí podréis ver a don Anselmo y a los otros.

Pedro Lloros comenzó a silbar tenuemente. Sobre los tricornios las luces ciudadanas florecían halos de santidad. Un tren pedía paso de agujas. Los tres vagos entraban ya en el cuartelillo, para ir luego a la cárcel y esperar que todo se complicase hasta la primavera, con las cabezas descubiertas y humildes como las de las gallinas viejas. A Pedro Lloros, en su interior, le manantiaba por primera vez una alegría de árbol bien regado.

1951.

Ave del Paraíso

Los personajes de esta historia nada tienen que ver con personas de la vida real. Pertenecen a un mundo alegre y siniestro, híbrido de opereta y guiñol. Lo que aquí se cuenta es solamente un disparate.

Un poco de letanía

En el muelle viejo estaban atracados tres motoveleros, y en el escuadrado del muelle, frente a la pensión España y a los soportales, los calafates [59] iban desganándose, cercano el fin de la jornada, en la faena de pontear uno nuevo, cuya tarima pintada de minio, con chorrotones por la amura [59 bis], parecía un tremendo y recién estrenado cadalso. Los palos de las naves eran fúnebres lapiceros gigantes y sobre ellos auguraban las gaviotas antes de volar a sus nidos de los islotes y roques de la corona de la isla. Se alternaban los fogonazos de las cristaleras de las casas del paseo y el mar empezaba a tomar el color ceniza de la consunción del día con rescoldos de sol muy profundos y procesionales. La ciudad, monumento nacional, ya

---

[59] Calafate: El que arregla las junturas de las maderas de las naves.
[59 bis] Amura: Parte de los costados del buque donde éste empieza a estrecharse para formar la proa.

213

fosforecía; la ciudad tenía un sudario de casas enjalbegadas con el cíngulo de las ocres murallas, casi en la altura, ciñéndola, y las proas de los bastiones amenazando y desafiando al mar solitario y a los campos extendidos hasta las cercanas montañas. Hora exacta de Barón Samedi en el invierno.

El balconcillo desamparado de macetas mostraba sus palotes y rezumaba melodías al piano, visitas y protocolaria merienda de provincias. Niñas jugando a la comba piaban saudadosas canciones tradicionales en los jardincitos de geranios y arbustos carnosos. Los fantasmas de la nostalgia nublaban de azogue los ojos de los ancianos que transitaban de los bancos de la solana a los bancos de la penumbra de la iglesia. El claxon de un taxi puntuaba el rumor ciudadano y el silbo de un guardia de la circulación urgía al sol poniente. Se iba ululando un barco al rumbo de Valencia. Hora exacta de Barón Samedi en el invierno.

Olía dulcemente a cloaca y a entrañas de pescado. La tatarabuela de las ratas del puerto rascaba su vientre despeluchado con su pata momificada meditando la estrategia de la *razzia*. Un gato tomaba el portante. Hora de Barón Samedi.

El tañido de las campanas estremecía de frío. La farola del espigón daba sus resplandores con lenta pulsación. Meaba un perro el pedestal de la estatua del héroe. Hora de Barón Samedi.

El subastado y el ajedrez para mentes privilegiadas. En el casino se cotilleaba un alijo, se rumoreaba una disposición de Madrid, se gargajeaba un adulterio. Barón Samedi.

Por las tabernas la marinería mataba el aburrimiento con absenta [60] y la absenta con bicarbonato y eructo. Las barcas en el varadero. Barón Samedi.

No sé cómo decírtelo, Marisa, pero tú ya sabes... Francisco, esta película creo que la hemos visto. Samedi.

Cheek to cheek... All right... [61] ¿No encuentras...? Sa-

---

[60] Absenta: Licor extraído del ajenjo.
[61] *Cheek to cheek... All right...*: Melodía estándar americana.

len juntos... Otro *whisky*... *Ich liebe dir*... Canta la *high life*. Samedi.

Bajó de su 2 C [62] y comprobó todas las puertas. No se fiaba. Luego ahuecó su fular [63] y retocó su copete con suavidad. Con paso vivo caminó hacia el bar de los *beatniks*

Los beatniks

El Gran Barbudo movía la testa, como un asno de noria, llevando el ritmo. Sus grandes manos de cerámica estaban expuestas sobre el mostrador. Entre las falanges de sus dedos índice y medio de la mano derecha un cigarrillo apuntaba una larga ceniza. La música de *jazz* anegaba el templo y en todos los fieles había trance y desasimiento terrenal.

Los ojos de Ifigenia eran azucenas apenas podridas todavía, y los dulces e inquietantes ojos de los cabritillos bastardos pringaban de melancólicos licores las manos extrañas y acariciantes de los *beatniks*. Barcos llegaban a los afrodisíacos muelles del sur, y a los tristes y silenciosos bazares multitudes de antepasados. Los extras del capitán Kid nadaban perdidos entre los derrelictos [64] de los galeones. Babel había enmudecido y era una sucesión de lentos ademanes y ceremonias de hormigas mandarinas. El candor de las amapolas entre los trigos hacía que los rotos *blue-jeans* y los largos jerseys de lana basta y las baratas botas de goma y los cestos de pleita vacíos y los bolsillos sin dinero se transformaran en hogares cálidos, confortables, alegremente desordenados hogares, regazos, pechos, labios. Afuera comenzaba a soplar reposadamente el viento y en el bar olía a marihuana.

El Gran Barbudo cambió el disco y los feligreses suspiraron y se urgieron en los pedidos de bebidas. Hubo un movimiento de ola que abarcó a todos, que cabecearon, titubearon, pero no se desplazaron de sus lugares. El

---

[62] 2C: Se refiere al coche conocido por «dos caballos», de la marca Citroën.

[63] Fular: Del francés *foulard*.

[64] Derrelicto: Objeto abandonado en el mar.

Gran Barbudo negó una copa a un muchacho terriblemente andrajoso hasta que la insistencia le compadeció e hizo que le sirvieran, acompañando el gesto de una retahíla de reconvenciones. Todos tenían un tope en la deuda, pero a veces se hacían excepciones. Al Gran Barbudo le gustaba el muchacho de los andrajos, que tenía algo de pescador mendigo y algo de animalillo irremisiblemente perdido y un poco de enredoso arbusto y otro poco de mineral noble y ensuciado. El Gran Barbudo tenía pasiones que no intentaba disimular pero que jamás llevaba a los actos.

La trompeta recogía una nota y la hacía lodo áureo y extendido. Luego había como una evaporación y quedaban vibrando las escamas, solamente las escamas de oro, y era como un avispero monocorde y agudo. Después cedía y desaparecía con una reverberación en un estanque evidentemente profundo y aparentemente somero. La cabeza del Gran Barbudo volvía a moverse y sus ojos se cubrían de meditaciones. La batería impulsaba hacia el oyente ecos de sonidos muy lejanos, que a veces llegaban a borbotones, a veces de una manera continuada y uniforme, desfilando.

Los *beatniks* estaban solos y en su liturgia. A nadie esperaban. La ropa talar de Ifigenia estaba cortada de unos sacos de nitrato. Su cabritillo ojeaba un *comic* balanceando la cabeza dorada. Los extras del capitán bebían a pequeños sorbos los alcoholes de garrafón. El Gran Barbudo exponía sus manos.

Entró en el bar Barón Samedi.

Señor de los Cementerios
y Jefe de la Legión de los Muertos

Tenía cabeza de mosca a miles de aumentos. Se atusó, coqueta e impertinentemente, el lacio bigote mongólico con los índices. La lividez de su piel parecía maquillaje. Con un leve tacto en el arco de los anteojos de verdosos cristales se dispuso a dictar el pedido. El belfo libador se le humedecía concupiscente. Chasqueó su voz de muñeco de ventrílocuo precisa, pedante y absurda.

—Un vaso alto con hielo, limón, ginebra *Fockink,* tres gotas de amargo y cuatro dedos de soda.

Tras la receta preguntó:

—Jan, ¿ha venido el Maestro?

El Gran Barbudo negó con la cabeza. Barón Samedi tabaleó [65] sus cuidadas uñas sobre la madera del mostrador.

—¿Y los *playboys?*

—No sé —respondió el Gran Barbudo—. Anoche bebieron mucho y estarán enfermos.

Barón Samedi rió con mecánica alegría las posibilidades que la resaca le ofrecía respecto al estado general de los odiados *playboys.*

—Espero que no se divirtieran —latigueó—. ¿Había alguna mujer con ellos?

—Valeria, Marina y esa muchacha danesa que se lo bebe todo.

—¿Gudrún?

—La alta, rubia y que se lo bebe todo...

—Gudrún.

Barón Samedi torció el gesto. Gudrún había sido cosa de su cultura hasta que intervinieron los *playboys.* Le habían hablado de Björson, Jacobsen, Ibsen, los vikingos, *Los primitivos reyes de Noruega* de Carlyle, los fiordos y el temperamento erótico de los normandos, sin los resultados apetecidos. La muchacha bebía demasiado y Barón Samedi era cuidadoso de sus finanzas.

—Está acabada —dijo sentenciosamente.

—Es muy, muy guapa —afirmó el Gran Barbudo.

—Pero está acabada —finalizó Barón Samedi.

Bebió lenta y golosamente contemplando a los *beatniks,* que le atraían como suelen atraer los artistas a los burgueses, infundiendo un poco de regocijada libertad y un mucho de miedo a que el orden interior se descabale a su contacto. Pensó, desde sus seguridades materiales, que pasarían frío en sus casas, que no comían bien y

---

[65] Tabalear: Imitar con las uñas sobre una tabla el ruido del tambor.

que apenas tenían el dinero necesario para supervivir. Barón Samedi, reconfortado, engalló su feble figura.

—Estos... —dijo altivamente— ¿cuándo te pagan, Jan?

—A veces.

—No tienen una sola mujer que merezca la pena.

—Nadie merece mucho la pena —filosofó enérgicamente el Gran Barbudo—. Todos igual. Éstos y los otros. Todos igual.

—Eres un caso de nihilismo absoluto —diagnosticó Barón Samedi—. Un caso de campo de concentración. Un mal ejemplo y un inmoral...

La sonrisa de Barón Samedi perfilaba una eme muy abierta en su labio superior.

—No, no —dijo el Gran Barbudo—; es experiencia. Yo he visto ya mucho.

La voz del Maestro sonaba estentórea en el aula de sus disertaciones. Llegaba acompañado del Prevaricador y, por las trazas, ambos estaban ajumados.

—Barón... —saludó el Maestro con fingido respeto.

—No me llames Barón, leche... —respondió agriamente Barón Samedi.

—Señor Barón... —insistió el Prevaricador.

—No me gustan vuestras bromas. Dejaos de puñeterías... —castañeteó Barón Samedi—. Luego todo dios sigue con la coña... No me gustan nada los motes.

—No es un mote, señor Barón —aclaró el Prevaricador—. En el rito vudú tú eres el Señor de los Cementerios y el Jefe de la Legión de los Muertos, es decir, Barón Samedi. Y si no te gusta te aguantas.

—Estáis borrachos —acusó con desprecio Barón Samedi.

—Sí, Barón. Flaquezas humanas... —respondió el Maestro hecho un Diógenes.

—En vuestro honor —corroboró el Prevaricador—. Lo cual es disculpable desde cualquier punto de vista.

El Maestro tenía grandes orejas despegadas del cráneo y una pícara y envejecida cara de duende. El Prevaricador denunciaba algo paniego en su correcto rostro pseudocampesino.

—Barón —insistió pesadamente el Prevaricador—, veníamos discutiendo de política. Nos convendría un *führer* como tú. Creo que todas serían entonces para nosotros gracias a tus decretos. Podríamos declarar la isla independiente, ¿qué te parece?

—No le parece, sueña —dijo el Maestro—. Se ha estado preparando toda la vida para fundar un partido que le llevara al poder para cumplir tan alta misión.

—Borrachos —insultó Barón Samedi—. Sois peores que esta patulea —señaló a los *beatniks* sumergidos en su música.

—Son nuestros hermanos —dijo solemnemente el Maestro—. Nos encontramos muy bien entre ellos, les comprendemos y nos comprenden. Queremos beber e invítanos. Gran Barbudo, ponnos de beber a cuenta de Barón.

—A mi cuenta, no —dijo pugnazmente Barón Samedi, arqueando las finas cejas sobre las cuencas profundas, donde le bailaban los ojos—. A mi cuenta, no.

—Bien —dijo el Maestro— propalaremos por los bares tus sucias aventuras con Madame al objeto de que se entere su marido y te parta el alma. ¿Conforme?

—¡Os lo juego a los chinos! —cedió Barón Samedi.

—Sin trampas —pidió el Prevaricador.

—No hay que coartarle —corrigió el Maestro.

Los tres amigos comenzaron a calcular el estúpido ejercicio del juego llamado de «los chinos».

El rey y sus gentilhombres

Fue un poderoso rey criollo, a finales del siglo XVIII, en las Grandes Antillas. Cuserembá. Compadreó con filibusteros, mercó esclavas, achicharró gentes. Cuserembá. Se pavoneó engreído por cinemascópicas playas con una hermosa cola y corte de danzantes calipsonianos refulgiendo de sudor y dientes al sol tropical. Mayé. Dio esplendor a la industria del ron, a la caña del ron, songo; a la risa del ron, a las niñas del ron, al turismo francés y a la Ilustración. Rumba, chico, yé. Tuvo talante violento y cortesano, adusto y alegre, justo y caprichoso. Según; yambó, yambó. Gustó de aros de oro en los lóbulos de las orejas y de pañuelos teñidos de la cochinilla y de pantalones con los colores de los crepúsculos. Yambá. Y anduvo siempre descalzo hecho el pie a la selva y a la arena, al bote velero y a la destartalada carroza, a la hamaca y al agua. Yambambé. Ahora, en su última encarnación, de toda su corte, de toda su magnificencia y de aquellos soles... Amén. Solamente tres gentilhombres, fieles sí, decorativos sí, pero desdichados... Stop.

El pequeño *Renault,* sin frenos, conducido hábilmente por el Vizconde de la Rivière du Soleil, bajaba tartamudeando desde los altos de la ciudad a los bares del muelle. El Rey y su fiera ocupaban el asiento posterior v el Marqués del Norte y el Marqués del Sur se apretaban junto al conductor.

—Tengo cuarenta duros para toda la noche —dijo el Rey— y no pienso prestaros ni una gorda. Además, hay que comprar arroz y ron y la perra tiene que comer.

—¿Me dais un cigarrillo? —preguntó el Vizconde de la Rivière—. No olvides, César, que tenemos que poner gasolina al cacharro. Cinco litros por lo menos.

—No tenemos tabaco —afirmó el Marqués del Sur.

—No tenemos dinero —afirmó el Marqués del Norte.

—Samedi es malo —dijo el Vizconde de la Rivière —y no nos prestará. El Maestro y el Prevaricador no tienen dinero. Las chicas están agotadas.

—Nadie ha pensado en pedir un céntimo a una mujer —dijo roncamente el Rey—. Ésa es una pésima estrategia.

La perra loba ladró el desgaliche de un guardia municipal uniformado y calzado de alpargata negra.

—Calla, Isabel —gritó el Rey.

La perra se encogió miedosa y jadeante en el asiento.

—Esta situación no puede continuar —prosiguió el Rey—. Vuestros giros no llegan jamás y yo no soy un Banco. Debo a todo el mundo. A ver cómo os las arregláis.

La pequeña corte guardó un silencio desamparado y ominoso.

—¿No te han ofrecido a ti —preguntó el Rey al Vizconde de la Rivière— trabajar en la barra de los *beatniks?*

—No estaba muy claro el ofrecimiento —respondió, escurriéndose, el Vizconde—. Y es un trabajo de un montón de horas. Aparte de que el dinero está en el aire.

—Evidentemente no has nacido, muchacho, para hincarla —dijo indiferentemente el Rey.

El pequeño *Renault* paró junto al bordillo de la terraza del Hermoso Café y ante la expectaciónn de algunos extranjeros, que se ofrecían implacables a las frías luces crepusculares y al relente del atardecer soñando con atezarse, bajaron el Rey y sus gentilhombres. El Rey se desperezó bestialmente y pareció crecer en su gran estatura. Los mozarrones de su corte le rodearon esperanzados. El Rey se desperezaba, luego el Rey había meditado. La perra Isabel, amagando, ladró a un peón murciano y el Rey atronó el paseo con sus gritos.

—Calla, monstruo, golfa, arrabalera, etcétera... —el Rey no se cansaba en proferir sus dicterios y añadía con caracteres de seísmo su etcétera universal.

Los cuatro vestían guayaberas y pantalones de *cow-boy* y duros botos camperos. Era el uniforme invernal. De las dehesas del invierno pasaban a los atolones del verano. En la primavera y el otoño dependían del sol y de las nubes. Con sol los gayos colores y los pies descalzos, con nubes el austero y grisáceo azul del indumento vaquero.

—¿Tenéis hambre? —preguntó el Rey.

—Sí, César —respondió por todos el Vizconde de la Rivière—. Date cuenta que hoy han sido solamente patatas con sal y pimienta.

—Hay que conservar la línea —dijo solemnemente el Rey—. Un tío gordo es algo risible para una chica. Hay que prepararse para el mes de mayo.

—La patata engorda —aventuró el Marqués del Sur.

—No en las cantidades que las comemos —dijo el Marqués del Norte.

—Entrad en la repostería —ordenó el Rey— y que os preparen unos bocadillos. Decid que es a mi cuenta.

—¿No podrías decirlo tú? —dijo, dudando, el Vizconde—. Puede que no nos hagan caso.

—Entrad y pedid —fue la respuesta del Rey—. Os espero en el bar de los *beatniks*. Vamos, Isabel.

El Rey caminaba lenta e indolentemente, seguido de su fiera, por medio de la calzada. Le sorteaban coches, motocicletas, carros y bicicletas. Tenía verdadera majestad y, en el cruce, el guardia le dio preferencia de paso con amarga sonrisa.

—Adiós, César... *Hello*, César... *¿Va bene*, César...?

Su rostro de aguilota, de mascarón de barco era impasible a la pleitesía y dispensaba algún movimiento de cabeza como una bendición. No era el momento de la ruidosa alegría de otras veces, de los duros golpes amicales en las espaldas, de las divertidas e impertinentes preguntas. Caminaba solo, como presidiendo un cortejo añorado, y el protocolo de su ensimismamiento le impedía ser más efusivo. Se cruzó con tres marineros enemigos, con los que había sostenido cruentas batallas en noches de embriaguez. A todos los había derrotado, aunque las cicatrices de las peleas cantaban romances de gesta en la cobriza piel de su cara y de sus manos.

El Rey llevaba su enorme figa[66] de ceremonial de *party* colgada sobre el pecho descubierto y la pelambre visigótica atolanada en el cuello. Por uno de los bolsillos traseros de los *blue-jeans* asomaban su blanda mutilación los mitones[67] de pelea y carrerismo. Caminaba pensando en las barras de sus triunfos, en la gran cantidad de *barmans* que habían sido sus súbditos, en las mujeres que le habían conocido acodado en meditada soledad frente al ron con cola. Allí estaban Trinidad y Haití, Puerto Rico y toda la diseminación de Barlovento. Las carreras de Caracas, el olor de la Paragua verde y mohosa, y aquello que le sonaba como un cornetín de Nueva Orleáns. Lo había pasado bien y ahora estaba anclado en una isla del Mediterráneo, pero el Paraíso estaba fuera y al Paraíso, ¡oh, gran desterrado!, no podía volver, porque un tipo como él no debía volver a parte alguna. Tenía que descubrir nuevos

---

[66] Figa: Amuleto, en forma de mano, haciendo la higa.
[67] Mitón: Guante de punto que cubre sólo la mano, dejando al aire los dedos.

paraísos, y el mar del sur de los noveluchos estaba esperándole, lejano y tentador, azul, dorado y verde.

—Ave César —saludó, redicho, Barón Samedi.

—Sire —dijo el Maestro, dando un bandazo de su estribor.

—King —correspondió por su amura al viento del alcohol el Prevaricador.

—Estáis buenos —afirmó el Rey.

—La espeluznante abeja que mora en la tristeza... —declamó, titubeante, el Maestro— y el lindo hipopótamo aburrido...

—Hay que irse de aquí —dijo el Prevaricador.

—¿De este bar? —preguntó Barón Samedi—. Debéis tres rondas.

—No, hay que irse de aquí... Marcharse de la isla... El Maestro habla de yates, viajes, enanas y extraños pipermines servidos en madréporas... Un estupendo programa.

—Inhumano —dijo el Maestro—. Esto es inhumano. Estamos perdiendo el tiempo. Hay que tomar conciencia. Todo el mundo hace algo.

—Ja, ja —gritó estruendosamente el Rey—. Mañana se te pasará.

—Abajo la monarquía —gritó, delirante, el Maestro.

—Cálmate —dijo serenamente Barón Samedi—. La subversión es mala para los hipertensos, lo mismo que el alcohol, el tabaco y las señoras. Morirás cualquier día o te quedarás lele; una hemiplejía y listo.

—Escupitajo ceniciento —chilló el Maestro.

—Ebúrneo —corrigió el Prevaricador.

—Es la borrachera más idiota que he conocido —afirmó el Rey, y se fue.

No volvió por el bar de los *beatniks* en toda la noche. Cuando encontró a sus gentilhombres ya habían olvidado los bocadillos y querían tomar algunas copas.

—Ni un céntimo —dijo—. Haced cuenta donde podáis. Mi bolsillo está bajo siete llaves. Mañana hay que comer.

—¿Desde cuándo te administras, César? —preguntó el Vizconde.

223

—Desde que os tengo a mis espaldas —dijo suavemente el Rey—. Y son cuatro meses.

Una historia de amor

Le dolían los nudillos de golpear frecuente e insistentemente. Llamó otra vez a la puerta con la molla del puño, produciendo un ruido débil y sordo. Nubes hacían sombras sobre el azul de la bahía. El sol iluminaba la vega y las montañas, extrayendo tonos de esmeralda del negruzco verdor. Por las laderas corrían manchas umbrosas. La torre de la catedral se tintaba de un lánguido amarillo.

Estaba a punto de llorar y echaba su melena hacia atrás con un movimiento nervioso, casi constante, de la cabeza. Se sentía inquieta pero no humillada y ahora la desesperanza le acongojaba.

—Abre —gritó—. Abre, por lo que más quieras.

Dentro ladró la perra y se oyó al Rey llamarla suavemente.

—Calla, bonita. Calla, Isabel. Échate, échate...

—Ábreme, César, ábreme...

Nadie había en la calle. El barrio alto era el barrio de la gran soledad: tapias, conventos, casonas. Pero sabía que la estaban escuchando y observando, y posiblemente condenando.

—Por favor —gimió—. Sólo un momento. Tengo que hablarte. Es necesario que te hable —dijo pegando la boca a la puerta—. Es absolutamente necesario. Ábreme.

Se sintió agotada y se sentó en los dos escalones de la entrada. Perdió la mirada en la bahía y dejó transcurrir unos minutos. Después volvió a llamar.

El Rey colocó en el tocadiscos una grabación del *Preservation Hall*. Mordió vorazmente un bocadillo de mortadela y masticó mientras escuchaba. Sí, allí estaba Nueva Orleáns y las noches de los sábados en la calle Bourbon y las barras mullidas y las amigas y los amigos de aquellos días. Hasta el absurdo bar del Hotel Monteleone que se llamaba el Carrousel y giraba haciendo perder la serenidad a los borrachos. La perra alzaba las orejas, en actitud de atención, con el morro entre las patas.

—Te lo pido... No soy una basura... Ábreme...

—Esta pesada —dijo el Rey a la Perra— nos va a dar la tarde.

El Rey abrió una botella de cerveza y bebió del gollete. Encendió un cigarrillo y escuchó. Como un vaho cálido percibió la nostalgia. Aquello había sido el Paraíso, un poco más del Paraíso que había tenido hasta entonces. Y aunque sólo quedara la memoria, nada ni nadie podía quitárselo. Allí estaban Nancy y otras. Nancy sobre todas. Tal vez le esperarían todavía. O acaso le habrían olvidado. No, él no era fácilmente olvidable. De Nancy se había enamorado. Nancy podía tener recuerdos, pero estaba seguro que no tenía sentimientos. Si no, hubiera sido otra cosa. Llevó el ritmo con la leve batuta del cigarrillo, y cerró los ojos.

—Bien, César —dijo en tono conversacional—. Si no quieres abrir no abras. No me importa. Me voy. Te lo juro que no me importa. Me voy y se acabó. Ya me buscarás —la voz se hizo vacilante—. Tú me buscarás.

La perra se levantó y caminó un poco hacia la puerta.

—Ven aquí, bonita —llamó el Rey—. Ven donde tu amo. Échate aquí... No creas que se va a ir... Es demasiado estúpida... Túmbate, Isabel...

Los gentilhombres habían abandonado a su Rey por las pompas y vanidades del mundo, el demonio y la carne. Los gentilhombres estaban en el bar «El barco borracho» bebiendo, presumiendo, galanteando y pasándolo divinamente. Un pequeño giro había hecho el milagro de la deserción y no pensaban en otra cosa que en divertirse. El Rey se encontraba a gusto en su soledad porque las soledades son necesarias para un rey y sus melancolías. Lo único que le fastidiaba era la mujer del otro lado de la puerta. Los gentilhombres hubieran dejado de ser gentilhombres si no hubiesen sido presuntuosos, mezquinos y egoístas. El Rey abrió otra botella de cerveza, y pensó que no era su bebida, pero que no tenía hielo, ni un Vizconde de la Rivière para enviarlo por él.

—Adiós —dijo la mujer detrás de la puerta.

225

Se oyó su caminar por la gravilla y luego un golpe de un airado puñadete de arena en la cercana ventana de Palacio.

—Vaya, Isabel, se ha ido... Estamos de enhorabuena —dijo el Rey a su fiera—. Este asunto parecía que no se iba a acabar nunca.

La perra se levantó a olisquear la puerta y el Rey tomó de su biblioteca una novela de aventuras. Eructó satisfecho.

Barón Samedi había subido a pie hasta la Ciudad Alta por temor de que una avería en su coche, por las estrechas y mal pavimentadas callejas, repercutiese en su economía. Encontró a la mujer parada e indecisa a pocos metros de Palacio.

—¿Qué haces aquí, Gudrún? ¿Qué te pasa? —inquirió.

—César.

—¿Bronca?

—No, no me abre.

—Totalmente absurdo. No abrir a una mujer como tú es un delito. Es muy bruto.

—Sí, muy bruto —dijo Gudrún.

—Muy bruto, muy grosero y muy poco inteligente —dijo, animándose, Barón Samedi—. ¿Quieres que te acompañe a tomar una copa? Una copa te hará bien —se deslizaba técnicamente como un reptil, por el despecho—. Te animarás. Vamos —dijo, cogiéndola de la mano—. Vamos, te prometo que te divertirás y se te pasará el enfado.

—No, no quiero. Quiero verle.

—Vaya, lo que es el amor —dijo casi indignado Barón Samedi—. No sabía que estuvieras tan metida por él. No hay posibilidad de entenderos a las mujeres.

—Tengo que hablarle de anoche. No me lo perdonará, pero tengo que hablarle.

—Bueno, pues vamos.

Barón Samedi llamó a la puerta de Palacio.

—Abre Rey, que soy Constantino —dijo Barón Samedi, recreándose en su nombre de emperador.

—Va, Barón.

El Rey abrió.

—Pasa —dijo a Barón Samedi—. Y tú vete —dijo a la mujer—. Vete de una vez y no seas rollo.

Cerró de golpe la puerta.

—Por favor, César... —pidió Gudrún.

—Qué manera de tratarla —dijo fingiendo horror el sinuoso Barón Samedi.

—Tú no entiendes de esto, tú qué sabes...

—Venía a hablarte... —dijo Samedi.

—¿Qué quieres beber? —preguntó el Rey—. No tengo hielo. Puedes beber ron seco o con cola o cerveza...

—Cerveza —dijo Samedi.

—César..., César... —gimió Gudrún.

—Aquí, Isabel —gritó el Rey—. Échate, échate.

La hostería del Laurel

Llovía mediterráneamente, despacio y sin pausa. El viento del noroeste rafagueaba, y la lluvia, de vez en cuando, llamaba queda en los cristales de colores del Nuevo Bar. Junto a la chimenea encendida, en el rincón crepuscular, estaban los *play-boys* gentilhombres, Barón Samedi, el Maestro y el Prevaricador. Barón Samedi largaba su mitin erótico al auditorio, con suficiencia y ensoñación. Un estribillo de cifras y nombres contrapunteaba la disertación.

—De mayo al Día de la Raza, dieciséis extranjeras y dos numantinas. Las numantinas cuentan por lo menos triple por la resistencia que ofrecen.

El Maestro nada tenía que enseñar, excepto vicios, llamados adornos de la personalidad, y esbozaba una sonrisa de lenón [68] educado, enmascarándose del resplandor de las llamas.

—Un *tour de force,* querido Barón —dijo.

—Todas las del Rey y algunas más —aclaró Barón Samedi.

El Prevaricador reía agudamente, moviendo los hombros con el telele de la histeria. Dijo:

---

[68] Lenón: Alcahuete.

—Las hipnotiza, porque con esa cara es imposible que una mujer le mire.

Barón Samedi se atusó, despectivo, el bigote.

—Tú te callas, que estás gagá.

Las fantasías del Vizconde de la Rivière du Soleil se hicieron Verbo:

—En Torremolinos yo he llegado al medio centenar por año. En Torremolinos el invierno es mejor que el verano. Hay más reposo. Se triunfa más.

—¿Y tú? —dijo el Maestro al Marqués del Sur.

—Mi marca ha sido veintisiete...

—Pero casi todas suecas, y eso no tiene mérito —esclareció el Vizconde—. Yo no cuento suecas.

—Todas valen para la contabilidad —puntualizó el Maestro—. ¿Y tú? —preguntó al Marqués del Norte.

—En Bilbao se hace lo que se puede —respondió, medio ruborizándose, el bigardo.

—Triunfáis demasiado, pero luego, aquí, no se os ven más que callos —dijo el Maestro fastidiado—. Un *gigoló* o un *play boy* de ocasión son cosas repulsivas. Hay que tener un mínimo apego al oficio. Tres o cuatro cuando más. Tal vez una por estación, como las sonatas... ¿Me entendéis? Claro que no.

El Prevaricador babeaba de contento. Barón Samedi se sintió herido en sus vanidades culturales.

—No es buena comparación la de las sonatas. Hay que guiarse por los equinoccios y los solsticios, pero sin atribuir valores líricos a los mismos. Soy más partidario de una influencia zoológica.

—Bárbaro —barbotó el Marqués del Sur, sin que su expresión fuera de repulsa o aquiescencia, sino más bien un sonido.

Tras de los cristales de las gafas los ojos de Barón Samedi hicieron carambola.

—Yo no soy un bárbaro —dijo escamón—, ni un descarriado hijo de familia, ni un troglodita en precario. Considerado el caso médicamente tendríamos que tener una constatación del funcionamiento somático de cada uno de nosotros...

—Venga ya —dijo chulonamente el Maestro.

—Palabra... Entonces podríamos hablar de los equinoccios y los solsticios, y nos dejaríamos de las cifras que aquí se manejan, que a todas luces son falsas.

—Yo no miento —dijo algo amoscado el Vizconde de la Rivière—. Podrías preguntar en Torremolinos.

—¿A quién? —interrogó el Maestro.

—A todo el mundo.

—¿Quién es todo el mundo? —preguntó Barón Samedi—. En primer lugar, yo no he dicho que tú mientas y en segundo lugar estas cosas hay que aceptarlas bajo palabra de honor.

—¿Qué es palabra de honor? —preguntó el Maestro.

—Yo tengo palabra de honor —dijo, irritado, Barón Samedi— y nunca he faltado a ella. Yo soy un ser moral.

—Loco, loco... —gritó con una risa parecida al estertor de un agonizante el Prevaricador—. Un ser moral, la serpiente un ser moral... El alacrán y su palabra de honor... ¿Qué dirá de tu palabra de honor y de que eres un ser moral, aquella chica que...?

—Calla, esquizofrénico, eso es otra cosa. No conviene mezclar los conceptos.

—¿Qué conceptos? —intentó entender el Marqués del Norte.

—Tú no puedes saber —dijo desde el ámbito de los escogidos, piadosamente, Barón Samedi—. Para saber es necesario sufrir.

—Explícaselo de otra forma —dijo el Maestro—. Porque lo que tú hayas sufrido...

—En la persecución tanto de la belleza espiritual como... —dijo el Barón Samedi en semiéxtasis.

—De unas pantorras —terminó, ahogándose de risa el Prevaricador.

—No te consiento esa grosería —dijo duramente Barón Samedi.

—¿Qué grosería? —preguntó el Vizconde de la Rivière—. Caramba, unas pantorras son unas pantorras.

—Estúpido.

—¿Por qué le insultas? —inquirió el Maestro—. La afirmación se cae de su peso.

—Es preferible no hablar.

—No vengas con misterios. Tú no eres un ser moral, ni tienes palabra de honor y le quitarías una chica a tu mejor amigo; si pudieras, claro... —dijo el Prevaricador, repentinamente serio.

—Eso no es verdad.

—Es tan verdad como que llueve y que yo quiero una copa de coñac —dijo, llamando al camarero, el Prevaricador—. Si mañana llegara mi chica, estoy seguro de que procurarías quitármela.

—No.

—Apuesto lo que quieras a que sí.

—Apuesta. Dentro de tres días llega una muchacha —dijo Barón Samedi confidencial— que todos conocéis y yo no pienso ni temo que alguno de vosotros me la pretendáis quitar.

Los gentilhombres, el Maestro y el Prevaricador guardaron silencio, esperando información más cumplida.

—¿No es verdad? —preguntó Barón Samedi.

—No —dijo el Rey, acercándose a lentos, grandes pasos de parada—. No.

El Rey se envolvía en un celeste impermeable de *yacht-man* y llevaba en la cabeza un sueste [69], del mismo color, muy calado.

—¿De dónde has salido, César? —preguntó el Vizconde de la Rivière.

—Estaba ahí, en la barra, escuchando vuestras tonterías. —Luego se dirigió a Barón Samedi—. Dentro de tres días llega, ¿no es así? —Barón Samedi afirmó con la cabeza—. Y si no me equivoco, es Tusa. Te juro que te la quitaré.

Barón Samedi sintió que su labio inferior le temblaba ligera pero visiblemente.

—No digas cosas raras, Rey.

—Te lo he jurado —dijo el Rey repantigándose en su asiento.

El Prevaricador rió con la estulta risa de costumbre.

---

[69] Sueste: Sombrero impermeable de ala ancha.

La vigilia de Barón Samedi duró hasta las pimpinelas del amanecer, porque era incapaz de levantarse por la mañana y tenía que ir al aeropuerto a recibir a Tusa. Se había hecho acompañar del Maestro y el Prevaricador, que yacían roques de sueño y alcohol despatarrados en las butaquitas del saloncillo de comedieta. Barón Samedi en su casa torre, llamada Villa Liliput, se sentía seguro y feudal. Bebidas y hazañas para los amigos con la sola obligación de estar en vela, pero los amigos habían sucumbido a las hazañas, a las bebidas, al calor de la chimenea y al sueño. Barón Samedi, envuelto en una manta de viaje hasta el cuello, dormía momificado. Sin gafas parecía un gorrión frito. Despertó a las once, cuando ya era tarde.

—Arriba... Me habéis hecho una faena —culpó a sus invitados—. Me he gastado mi dinero en *whisky* para que me acompañarais en la espera, no para que os durmierais como cerdos. ¿Qué hora es?

—Las once —dijo con la boca pastosa el Maestro—. Demasiado tarde. Hace media hora que está en los brazos del Rey.

—El avión puede haberse retrasado.

—Inútil —dijo, desperezándose, el Prevaricador—. Las líneas de aviación no se permiten retrasos que te convengan.

Barón Samedi tenía algo mohoso por la piel de su rostro y de sus manos. De pronto, comenzó a decir retahílas de palabrotas, cantándolas como una melopea.

—La muy perra... —dijo Barón Samedi.

—Es una suposición —dijo con fingida compasión el Prevaricador—. Puede que el Rey se haya dormido también.

—Ese ladrón...

—Arréglate pronto y vámonos —animó el Maestro.

—Me lleva hora y media estar presentable —dijo rabiosamente Barón Samedi—. No voy a aparecer hecho una piltrafa.

—Nunca pareces una piltrafa —afirmó socarronamente el Prevaricador—. Siempre estás presentable, aunque hayas bebido como una corneta de cosacos.

—No estoy para tus bromas, idiota —dijo vivamente Barón—. Esa mujer...

—Si te quiere te estará esperando... —consoló el Maestro.

—No quiere a nadie. ¿Por qué me iba a querer? Si ha llegado el Rey, estará con el Rey, y si no, estará horriblemente enfadada. Las alemanas son así.

—Las arias son así... —corrigió el Maestro— y las eslavas y las latinas. Todas, excepto las chinas, que son más pacientes y sumisas.

Barón Samedi nerviosamente golpeó un pequeño dibujo torcido de la pared. El cuadrito cayó al suelo y el cristal se trizó.

—Me lo he cargado —gritó furiosamente— y vosotros sois los culpables. Me sacáis de quicio con vuestras idioteces...

—Vamos a tomar el aire —dijo el Maestro al Prevaricador.

—Yo no conocía las cóleras del Adriático —dijo el Prevaricador.

El aire marino les refrescó el rostro y ambos tuvieron sensación de fiebre.

—Hemos cumplido. Dejémosle en su marasmo. ¿Tienes para un taxi? —preguntó el Maestro.

—Creo que sí.

Echaron a andar por el camino orlado de pitas, zigzagueante entre los chalets. Al compás del paso rompieron a cantar.

—Somos unos insensatos —dijo de repente el Maestro.

—Yo nunca lo he negado —dijo el Prevaricador.

El avión había llegado a la hora justa y el Rey, acompañado del Vizconde de la Rivière, que portaba una mano de claveles un poco chafados, esperaba a Tusa. El Rey llevaba al cuello el rojo pañuelo de las depredaciones y se abrigaba en un marsellés de forro purpurado. Cuando Tusa desembarcó, el Rey se adelantó hasta la barrera de la pista.

—Tusa —gritó, alzando sus largos brazos.

Era una muchacha de rostro vulgar, de estilizada y atrayente aunque vulgar figura de corista, vestida de cazador.

—Hola, César— dijo sonriente, acercándose.

El Rey la besó en las mejillas y la tomó del brazo. El Vizconde de la Rivière le estrechó la mano y le hizo entrega de los claveles.

—Qué alegría, César... No lo esperaba... ¿Y Constantino?

—¿Quién sabe? —se preguntó el Rey.

—Le escribí —dijo Tusa.

—No te debes de preocupar. Estoy yo, ¿no? —rió el Rey—. Tienes mi apartamento para ti sola. Lo demás no te debe preocupar. Vamos al coche.

Isabel ladró a la enemiga y el Rey la hizo cambiar de asiento.

—No me gusta conducir —dijo el Vizconde— con la perra al lado.

—Vete despacio —indicó el Rey—. Bueno, Tusa, guapa, cuéntame qué ha sido de tu vida todos estos meses...

—Muy aburrida —dijo Tusa—. Muy mal tiempo. La ciudad es horrible.

—Aquí ha hecho un tiempo sensacional —mintió el Rey—. Hoy está un poco nublado, pero esto pasará .Esta tarde o mañana, buen día y mucho sol, ya lo verás. Acércate a recoger la maleta, Lolo, ¿no te importa?

El Rey olvidó al Vizconde, que con mala cara se acercó a la consigna.

—Estás muy guapa. Siempre estás muy guapa —dijo el Rey—. Creo que nos necesitamos...

—¿Crees...? —preguntó la muchacha con picardía—. ¿Y Constantino?

—¡Oh! Olvida a ese... —dijo el Rey apretándole con fuerza una mano—. Lo podemos pasar muy bien. ¿Hoy dónde quieres comer? He encargado una comida —mintió— en el Delfín, pero si quieres iremos a otro sitio.

Regresó el Vizconde para sorprender el primer beso del Rey a la muchacha. Un beso rápido, suave y cariñoso. Tusa estaba encantada.

La conspiración

Los conspiradores se habían dado cita a las 18,45 para merendar en el castillo de Liliput. Venteaba el norte y llovía. La mar cubría las estrechas playas y, en el golfo, los pescadores habían reforzado las amarras de las barcas. El faro de la isla de Aníbal parpadeaba en lo profundo. Era la noche de Barón Samedi.

Al Sur, sobre la ciudad y la bahía, en su Palacio, el Rey jugaba a prendas de amor con la inconstante Tusa. A ratos el fatigado Rey, aburrido por la dama, pensaba problemas de ajedrez y se olvidaba de acariciar a la germana acariciando a su perra. Al Rey no le apetecía ni el ron ni las novelas de aventuras, ni los programas de la TV.

Llegaban los conspiradores: El Maestro y el Prevaricador, a reírse; los dos marqueses, con sus chicas, a sobarse; el Vizconde de la Rivière —que había traicionado momentáneamente a su señor—, a razonar torpemente el régimen de behetría [70] en que vivía, dando su apoyo a las opiniones de su protector, el rico Barón Samedi. El Vizconde de la Rivière cubría su larga figura con una capa de carabinero, sobre el traje de *cow-boy,* ya que todas sus pertenencias habían sido confiscadas por el Rey, que pensaba hacer almoneda de ellas para mayor escarnio.

—Saca el *whisky* y no seas roña, Barón —dijo el Prevaricador.

—Para merendar es mejor el vino —afirmó Barón Samedi.

Las escasas viandas fueron devoradas en un ay por los conspiradores. Era el momento de Barón Samedi.

—El hombre necesita seguridades. El hombre necesita

---

[70] Régimen de behetría: Vivir bajo la protección de un señor. Esta expresión recoge un hecho corriente en la Edad Media: la inseguridad política, económica y social llevaba a buscar la protección y defensa de los poderosos, renunciando a la libertad personal e incluso, a veces, a parte de los propios bienes.

un mínimo de orden y de respeto —comenzó su discurso Barón Samedi— y estamos viviendo una anarquía.

El estruendoso regüeldo del Prevaricador no conturbó la retórica de Barón Samedi.

—Si César toma lo que no es suyo —continuó— y es mío, mañana tomará lo que no es suyo y es vuestro. Los amigos deben siempre ser amigos, y el Rey, en este caso como en tantos, no se ha portado decentemente. Propongo un boicot. Boicoteemos su conversación, boicoteemos su presencia. Propongámonos su no existencia.

—No seas apocalíptico, Barón —dijo el Maestro—. El Rey tiene muchos más amigos, y tiene a Tusa.

—El Rey no la soportará más de una semana —dijo Barón Samedi.

—Entonces tú, ¿cómo la soportas? —preguntó el Prevaricador.

—Yo soy más paciente.

El Vizconde de la Rivière asentía con su cabeza de chorlito minimizada por un sombrerete tirolés.

—¿Qué significa más paciente? —preguntó el Maestro.

—Más humano —dijo Barón Samedi.

—¡Quién lo dijera! —se asombró el Prevaricador—. Más paciente no significa más humano sino más consentido.

A los marqueses y a sus chicas la conspiración les importaba un rábano.

—Tú, saca el *whisky* —dijo el Marqués del Norte—. Este vino payés no hay quien lo beba.

—Saca el *whisky* o nos vamos, porque esto es muy pesado —dijo el Marqués del Sur.

—Playleños [71] —insultó Barón Samedi e indicó al Prevaricador dónde ocultaba el *whisky*.

Bebieron *whisky*. A la botella y media la tesis de Barón Samedi iba ganando adeptos. Únicamente se mostraban débiles focos de resistencia en la dialéctica enredosa del Prevaricador. El Maestro ofrecía a los oyentes un escandaloso y lamentable balbuceo.

---

[71] Playleños: *Play-boys* isleños.

—A mí no me ha quitado ninguna chica —dijo el Prevaricador.

—Hay que pensar en el futuro. Tiene que haber juego limpio. Di, mejor, que no te ha quitado ninguna chica por ahora, pero te la puede quitar.

—No, porque no es el mismo caso que el tuyo. Yo soy guapo, y tú eres feo.

—Tonterías —dijo Barón Samedi—. Lo que importa es su actitud moral.

—No es bastante. Yo soy guapo, y tú eres feo. Y si no que lo digan éstas. A ver, queridas, ¿quién es feo entre los dos?

Las chicas atendían a sus marqueses. No hubo cotejo ni opiniones.

—Desde mañana boicot —terminó Barón Samedi—, y ahora vámonos para la ciudad. Al Maestro hay que enterrarlo entre sábanas, está completamente tajada. Llevo a las chicas y aviso a un taxi para que os recoja.

—Ni hablar —dijo el Marqués del Sur—. Las chicas, o por lo menos ésta, se viene conmigo.

—Entonces llevo al Maestro, al Prevaricador y al Vizconde.

El Vizconde hizo un gesto de resignación.

—Como César se ha quedado en mi coche... —dijo.

Gudrún marcha hacia los icebergs

—Bien, Gudrún —dijo el Maestro—. El barco sale a las siete y te queda poco tiempo. Tal vez tengas una oportunidad.

—Ya no quiero oportunidades —dijo pensativamente Gudrún—. He sufrido por nada y no quiero sufrir más.

—Así es mejor. Todo esto no vale mucho y no merece que tú lo pases mal. Te acompañamos al barco.

—No lo hagáis si queréis, no estáis obligados...

—No es una obligación, chica, es simplemente buena amistad. Luego no todos serán malos recuerdos. Tomemos la copa de la despedida. Anímate.

—No quiero beber —dijo Gudrún—. He bebido dema-

siado en esta isla durante este año. Si bebiera de nuevo
me echaría a llorar, y no quiero llorar.

—Pues entonces vámonos.

El Maestro y el Prevaricador cargaron con las maletas
de la muchacha.

—¿Qué lleva aquí? —preguntó el Prevaricador—. Ni
que fuera hierro.

—Papeles y libros nada más.

Cruzaron la calle, después de abandonar el Hermoso
Café. Al pasar frente al guardia de la circulación Gudrún
dudó un instante, después abrazó al guardia y le besó en
las mejillas.

—Adiós, guardia —dijo.

El guardia sonrió turbado. Uno que pasaba comentó:

—Estas extranjeras están como cabras.

El automóvil de Barón Samedi se acercó al muelle a la
caída de la tarde. Barón Samedi acudía a la despedida.

—Hola, Gudrún. Os he buscado en el Hermoso Café
y en el bar de los *beatniks* y en qué sé yo cuántos sitios
más. Os hacía tomando la despedida.

—No quiere beber —dijo el Prevaricador sonriente.

—Bobadas... Hay que despedirse... No es bueno despedirse sin una copa... Hay que tomar algo... Hay que
brindar, ahora que te vas a los hielos eternos... —insistió.

Barón Samedi tomó del brazo a Gudrún y la llevó hacia
el quiosco del puerto.

—Queda poco tiempo —advirtió el Maestro.

—Hay tiempo —dijo Barón Samedi.

Brindaron con ginebra y volvieron a brindar con ginebra, y pidieron otra ronda.

El barco advirtió con un largo toque de sirena.

—Porque vuelvas pronto —dijo Barón Samedi.

—No volveré... Por ti, Constantino; por ti, Rafael;
por ti, Manolo...

Bebieron después de entrechocar los vasos.

—Vamos al barco —dijo Gudrún, y bajando la voz, al
dejar el quiosco preguntó al Maestro—: ¿Crees que él
sabe que me voy?

—No estoy seguro.

Las despedidas del invierno no tienen la dulce melancolía de las despedidas del final del verano, las despedidas del invierno no saben, como las el otoño, a reuniones familiares en un horizonte de Fiestas de Pascuas, las despedidas del invierno no prometen largos viajes felices como las de primavera. Las despedidas del invierno están hechas de desamparo y tristeza, de un cierto pesar de uno mismo y de una extraña dejadez.

—Adiós, amigos —dijo Gudrún llorando y embarcó.

No la volvieron a ver. Esperaron a que desatracara el barco, pero no la volvieron a ver.

—Ha llorado por tu culpa —dijo el Prevaricador.

—Una despedida sin lágrimas no es una despedida —dijo técnicamente Barón Samedi.

Desde la terraza de su Palacio, el Rey veía indiferente la masa y las luces del barco moviéndose y cabrilleando hacia la bocana del puerto. «Hay que marcharse de aquí, pensó, hay que marcharse de aquí a donde sea.»

La soledad de un rey en velocípedo

Ya habían florecido los almendros y verdeaban los campos de trigo de la isla. Los días eran un poco más largos y el sol del mediodía congestionaba los rostros rojizos y encarnaba las piernas de yeso de las turistas, que lo saludaban con las faldas levantadas hasta la mitad de los muslos. Alentaba tenuemente la primavera.

El Rey había despedido a Tusa, pero el boicot seguía. Cuando alguien flaqueaba, Barón Samedi razonaba con el vacilante. Los gentilhombres vivían en las afueras de la ciudad, en una gélida casa a medio construir. El Maestro y el Prevaricador continuaban recogiéndose a deshora y con la manta a la cabeza, unas veces acompañados y otras no.

El Rey comenzaba sus entrenamientos de cara a la primavera y al verano. Había que estar en forma, flexible, enjuto, felino. Nada mejor al objeto que largos paseos en velocípedo hasta los escaques [72] pintovarios de las salinas

---

[72] Escaques: Cuadros.

o hasta el Riachuelo. Paseos y régimen de lechuga y carne, apenas pasada por la parrilla, se complementaban.

El Rey tomó su velocípedo hacia sus metas. Isabel guardaba el Palacio. Tras la traición, la fiera no había consentido ser acariciada por ninguno de los complotados, aunque nada iba con ella. A golpe de pedal el Rey se alejaba de la ciudad, adusto y solitario. Ni un solo pensamiento les era concedido a Barón Samedí y sus secuaces.

«Juan Buenos Aires fue un excelente compañero, un buen peleador, un peso medio nato, un artista de la canción sudamericana, un bebedor increíble. Tenía mucha mano para las mujeres. Jugaba al póker como un campeón. Conducía como un relámpago. Amaba todo lo grato de la vida. Pero Juan Buenos Aires ya no estaba en el mundo de los vivos; se mató en una avioneta con una mujer a la que no se logró identificar. Probablemente borracho o drogado, o quién sabe. Treinta años justos. Una buena edad para desaparecer.»

La rueda delantera del velocípedo reventó. Hacía calor y el Rey estaba fatigado. Se tumbó en el ribazo de la carretera esperando que pasara algún conocido. Después se ensimismó en su pasado.

—¿Qué te pasa, César? —preguntó alguien desde un coche.

El Rey regresó de sus memorias.

—Hola, Viñas.

—Tienes la rueda delantera hecha migas.

—Sí, ha reventado.

—¿Quieres que te lleve a la ciudad?

—No. Hazme el favor de llevarte la bicicleta y la dejas en Casa Mariano, en el taller.

—¿Pero tú no quieres que te lleve? —el Rey negó con la cabeza—. A tu gusto, César.

—Gracias. Iré a pie.

Cargaron la bicicleta en la baca del coche. El Rey, con la barba en la mano, se sentó en el ribazo. Volvía a sus nostalgias.

El Vizconde de la Rivière du Soleil intentó conversaciones secretas con el Rey. Era un hombre ordenado y no le iba bien con el horario de murciélago de Barón Samedi. A las dos de la tarde tenía hambre, y seguía teniendo hambre hasta la hora de cenar, que era cuando Barón Samedi estaba en disposición de ánimo de hacer algunas caridades. El Rey no aceptó las conversaciones y exigió del Vizconde una pronta y total sumisión. El Vizconde de la Rivière fue herido vivamente en su orgullo.

—Ya llegará algún giro —amenazó.

—Por ahora me limito a decirte: buen provecho —dijo sarcásticamente el Rey.

—Te arrepentirás, César, por tratarme así.

—Jamás me he arrepentido de algo. Tengo algún que otro remordimiento, pero no he llegado tan lejos.

—No hay enemigo pequeño —afirmó el Vizconde.

—Tú no eres pequeño, ni eres enemigo.

—¿No me das beligerancia? —dijo humillado el Vizconde.

—No he dicho eso. He dicho que no eres enemigo, aunque, por ahora, tampoco amigo. Pero te invito a comer, sin que sirva de precedente. Ya lo sabes, o abandonas al Barón Samedi y sus gentes y a los supertraidores del Norte y del Sur, o no vuelvas a aparecer por aquí.

—Yo no soy un traidor.

—A mí me has traicionado y te has jactado de no dirigirme la palabra. Y lo has hecho en público. Pero te perdono —dijo magnánimamente el Rey, advirtiendo seguidamente—: Aunque no olvido.

El Vizconde no aceptó comer con el Rey en un restaurante público, pero se comió de buen grado un bocadillo de mortadela en Palacio.

—Adiós, César —dijo al despedirse—. Yo sigo siendo tu amigo.

—Demuéstralo —respondió el Rey.

El Vizconde de la Rivière du Soleil reconfortado y alegre bajó de la Ciudad Alta a los bares del muelle. En el quiosco estaban los Marqueses con dos americanas bastante entradas en años.

—¿Qué hay de nuevo? —preguntó el Marqués del Norte.

—Vengo de ver a César. No está enfadado. Todo esto le parece un sucio manejo de Barón Samedi.

—Lo es —dijo el Marqués del Sur—. No sé por qué demonios tuvimos que meternos en todo este jaleo, que ni nos va ni nos viene. Si le quitó a Tusa que se busque otra. Somos algo tontos.

—Así es —confirmó el Marqués del Norte—. Yo, desde luego, estoy dispuesto a hablar en cualquier momento con César y a aclarar todo esto.

—Pero serás doblemente traidor —dijo lleno de espíritu caballeresco el Vizconde—. Y, además, hay que contar con el Maestro y el Prevaricador.

—Allá ellos. Sus asuntos no son mis asuntos. Estoy de chiquilladas hasta el tope. En casa hace un frío que pela, no tengo televisión; antes era más divertido, y lo que yo quiero es divertirme, y ahora me aburro. Esta noche sin falta voy a hablar con César.

—Y yo —dijo el Marqués del Sur.

—Entonces nada nos tenemos que decir —dijo con prosopopeya el Vizconde—. Adiós.

Las americanas no entendían el asunto.

—¿Qué ha pasado? —preguntó una de ellas.

—Nada, *darling...*, es muy largo de explicar y no merece la pena —dijo el Marqués del Sur.

—Cosas de Barón Samedi —dijo el Marqués del Norte.

—¿Quién es ?—inquirió la otra.

—Ya le conoceréis. Un tipo inolvidable. ¿Qué queréis beber?

—Vino —dijo riéndose la mujer que había preguntado por el Barón Samedi.

A las cinco de la tarde en el Hermoso Café el Rey charlaba amistosamente con el Maestro y el Prevaricador.

A las seis y media de la tarde, Barón Samedi, en la barra de los *beatniks,* juraba vengarse. El Vizconde degustaba a su cuenta algunas consumiciones de ginebra.

241

—No son hombres —dijo crispado Barón Samedi—. Me gustaría ser como un cargador de muelle por un rato para romperles el alma.

A las siete y media de la tarde el Rey anunciaba en la barra del Nuevo Bar que daría un *party* de reconciliación en Palacio. El Maestro y el Prevaricador fueron los encargados del rol de invitados, y sobre la marcha comenzaron a escribirlo.

—¿Como cuántos, César?

—Los que queráis.

—¿Barón Samedi también? —preguntó el Maestro.

—Si quiere, también —dijo el Rey.

—Volvemos a los buenos tiempos —dijo el Marqués del Sur olvidándose de su americana—. La cosa promete ser estupenda.

—Sí —dijo caviloso el Rey—. Volvemos a los buenos tiempos, aunque no sé si van a durar.

—¿Pasa algo? —preguntó alarmado el Prevaricador.

—Sí —respondió el Rey—, que me voy de la isla.

—¿Que te vas? —preguntó el marqués del Norte— ¿y a dónde?

—A cualquier parte —respondió el Rey—. En cualquier barco, a cualquier parte.

—¿Por qué? —dijo el Maestro.

—¡Quién sabe! —explicó el Rey—. Llevo mucho tiempo aquí, y el otro día pensándolo... En fin, cosas —dijo soñadoramente, y luego aclaró gravemente—: Este es el *party* de la despedida.

El Maestro bebió apresuradamente su ginebra.

«*Party*»

El salón de Palacio tenía sus siete lámparas encendidas. Las alfombras haban sido recogidas por los activos gentilhombres. En la chimenea brincaban esbeltas llamas acompañadas por el silbido chistulari del Marqués del Norte, ensimismado en su invernada. El Vizconde de la Rivière y el Marqués del Sur untaban de foie-gras rebanadas de pan. Isabel, sobre la gran cama del Rey, movía la oreja policíaca atenta y ladina. El Rey se rasuraba, en el abierto cuarto de baño, cantando «Adiós, pampa mía» con poderoso pulmón.

—Un cubalibre, marqueses —ordenó.

El Marqués del Norte abandonó su palco de añoranza y ballet para oficiar de copero. Prudentemente preguntó:

—¿No es demasiado pronto, César? Date cuenta que hoy va a ser una noche muy movida.

—Con mucho ron —dijo el Rey—. Hay que entonarse. «Adiós, camino que he recorrido...»

El Rey cantaba francamente mal y hería el oído aterciopelado de *crooner* [73] del Marqués del Sur.

—Malo —dijo el Vizconde—. César está peligroso.

—Me duele el cuello de pringar tanto pan —dijo estirándose el Marqués del Sur—. Es un trabajo matador. Y además amenizado por la tormenta.

—No se lo digas, porque él cree que lo hace muy bien.

—Seguro.

A las siete de la tarde comenzaron a llegar los invitados. Los primeros fueron los Condes de la Bounganvilla. El Conde disfrazado de limón, espléndidamente amarillo, con sus mejores galas de *vernisagge* [74] y *party;* la Condesa, a la moda de los años veinte, respetando en el color su título de nobleza. El Rey besó a la Condesa y abrazó al Conde.

—Estás fantástica —dijo el Rey—. A ti te falta ginebra para hacer un *gin fizz* —dijo al Conde, que rió de mala gana.

—¿No encuentras que sigue tan gracioso Pedrito —minimizó los cincuenta años de su marido— como en los buenos tiempos? Tú sí que estás fantástico y hecho una monada —halagó al Rey—. Un poco de todo: pirata de *show,* gigoló en atuendo de alcoba... Un encanto. Siempre has sido un hombre lleno de encanto —suspiró.

Los cuernos del Conde de la Bounganvilla tenían muchas puntas y ramificaciones. La Condesa había tenido

---

[73] Crooner: Inglés, que canta suavemente.
[74] Vernisagge: Inauguración, apertura.

amores con el Rey y con algunos de los cortesanos más allegados al Rey, pero el asunto se perdía en las tinieblas del pasado otoño, cuando los grandes *partys* de cierre de temporada.

A las ocho de la tarde había veintitantas personas en Palacio. El Maestro deslumbraba con sus recitaciones al virago inglés, Barona Cocktail, mientras el Prevaricador charloteaba insulsamente con una jovencilla recién llegada a la isla y que esperaba de la situación geográfica de la misma más vicio, más elegancia, más oportunidades, más galanes, más pseudorromanticismo y más y más...

A las ocho y cuarto entró Barón Samedi. Ya estaban los ánimos muy exaltados y el salón crujía de risas, pero se hizo un silencio expectante y el Rey avanzó hacia su alimaña preferida.

—Bienvenido —dijo, dándole un fuerte abrazo que Barón Samedi consideró un atentado a su persona—. Bienvenido a casa. Te has retrasado un poco, amigo. ¿Te puedo llamar amigo? ¿No te decidías? Todo está olvidado. No quiero dejar tras mí rencores ni hostilidades ni malos entendidos. ¿Qué quieres tomar? Vizconde pon un *whisky* doble a nuestro Barón, y otro cubalibre para mí.

El Rey se estaba pasando de copas. Era evidente que su sonrisa se estaba transformando en una mueca. Barón Samedi le observó atentamente. Se acercó al Maestro para destilar su terror.

—Dentro de media hora el Rey va a estar cuajado. Peligrosísimo.

—Sobre todo para ti.

—Exacto, aunque el peligro es general.

—Su corazón en esta noche —dijo afrailando el gesto el Maestro— rebosa bondad y sus fuerzas no serán medidas con los asistentes.

—Lo que me preocupa es el alcohol en sangre —dijo, médicamente, Barón Samedi.

El Prevaricador babeaba junto a la jovencilla. El Vizconde, impertérrito, lucía su tipo sirviendo copas. Los Marqueses cazaban furtivamente por los vedados. El Conde de la Bounganvilla sostenía una conversación en tres idiomas cuando no era necesario sostenerla en ninguno.

244

Barona Cokctail movía sus ojos camaleónicos buscando mosquitas.

—¿Me echaréis de menos? —preguntó el Rey a una dama—. ¿Tú crees que se notará mi falta?

—Pero ¿es verdad que te vas?

—Sí. Estoy cansado. Necesito irme.

—Lo que tú necesitabas —dijo, oferente, la dama— es una mujer que te comprendiera y dejarte de tantos amigotes y de tantos líos. Una cosa fija, ¿me comprendes?

—Claro que te entiendo, Carolina, pero no estoy hecho para eso. Soy incapaz.

—Es que no has encontrado a una mujer de verdad —dijo con énfasis la dama—. Una mujer que te llegue a entender, que te comprenda y que...

—¿Tú encuentras? —preguntó el Rey, escéptico—. Una mujer así probablemente la soportaría todavía menos.

—No sé, no sé. Eres un caso especial, pero hasta los casos especiales...

—Otro cubalibre —pidió el Rey al Vizconde.

—No bebas tanto, César —dijo la dama.

—Da igual —respondió el Rey. Da lo mismo uno que mil. ¿A quién le preocupa?

—Pudiera ser que a mí.

—No digas tonterías, Carolina... Tú tienes tu marido y todas esas cosas que se necesitan. No me tientes, porque luego te arrepentirás.

Peleas de rey

—Dejadme solo. El Rey quiere guerra —dijo César a sus amigos.

En el bar de los *beatniks* fue abandonado a su belicoso humor.

—Pescadores, marineros, jaques e hijos de puta —dijo el Rey a sus enemigos—, aquí estoy.

El chiringuito de Patro *La Candiles* se desplomó de la morisma.

—¿Dónde están los hombres valientes? —preguntaba

el Rey a la luna llena—. ¿De las navajas y de las botellas, que se hicieron?

Las calles estaban desiertas, pálidas e inquietantes.

Emisarios corrían los bares de la ciudad dando la mala nueva: el Rey se ha desmandado. Tiene una trompa de espanto. El Rey ataca.

El Rey daba bandazos por el muelle, desmelenado y enloquecido. La bahía era nácar y el agua apenas se frotaba gatunamente contra los mechones. El Rey contempló el mar.

—No eres un mar —gritó—, Mediterráneo de mierda, mamarracho, mariquita.

Los Hermanos Homicidas caminaban discutiendo. Eran tres en desacuerdo y acostumbraban a solventar sus desacuerdos a golpes. ¡Qué noche!

En el Hermoso Café temblaban los burgueses de la medianoche. «No aparecerá por aquí; no se atreverá. Los guardias están en el paseo.» En el Nuevo Bar los gentilhombres cariacontecidos, pronosticaban el destino del Rey: «Hoy acaba en Comisaría. Hoy le cuesta un disgusto gordo. Hoy no se la perdonan y le van a calentar los lomos.» En la Botillería de las Ratas, Barón Samedi, el Maestro y el Prevaricador hacían quinielas sobre los resultados de la trompa. «Por rondas —dijo Barón Samedi—. Un ojo, una ronda. La Comisaría, tres rondas. La segunda pelea, cinco rondas.»

El Rey encontró a los Hermanos Homicidas a la altura de la rampa de pescadores. Difícil campo de batalla aun para un Rey. La rampa era endemoniadamente resbaladiza y tres un número demasiado crecido en aquellas circunstancias. Pero el Rey no dudó, y sus clarines tocaron a carga.

—Gentuza —llamó—, aquí tenéis a un hombre.

El desacuerdo desapareció entre los Hermanos Homicidas.

—¿Vamos a endiñarle? —preguntó el mayor.

—Vamos a endiñarle —contestó el segundo.

—Vamos a endiñarle —replicó el tercero.

—Vamos por ti, so chulo amariconado —gritó el mayor—. Te vas a acordar.

El Rey rió y dijo retador:

—¿Me acerco más? ¿Tenéis miedo ya?

El hermano mayor de los Homicidas explicó la estrategia:

—Al suelo con él. Tú por la derecha, tú por la izquierda y yo al centro. Al suelo con él y dadle sin piedad.

Se trabó el combate. La caballería ligera de los Hermanos Homicidas atacaba por las alas escaramuceante. Las tropas de asalto del centro retrocedían ante el ímpetu de las legiones del Rey. Las tropas de asalto perdieron un diente incisivo. Las legiones del Rey se lesionaron un nudillo de la mano izquierda.

La batalla estaba igualada cuando llegaron los guardias. Hubo porrazos.

—Pelea tumultuaria y sin causa —dijo el Comisario—. Estoy de las peleas de los cuatro hasta el gorro. Por lo pronto esta noche os la pasáis todos aquí.

—¿Por qué? —preguntó el Rey.

—Porque lo digo yo.

—¿Y quién eres tú? —preguntó el Rey con fingido asombro.

—¿Que quién soy yo? —se preguntó el Comisario estupefacto—. Borracho, gamberro, ¿qué quién soy yo? ¿Yo? —el Comisario se ahogaba—. A éste a la cárcel, mañana por la mañana a la cárcel. Ahora los encerráis, pero a éste a la cárcel. ¿Que quién soy yo?

El Rey se echó a reír.

—Era una de mis bromas, Comisario. No debe enojarse.

Heraldos anunciaron la detención del Rey. En el Hermoso Café se respiró hondo. «Lo tienen bien merecido. Especialmente César.» En el Nuevo Bar había consternación. «Lo que pronosticamos; un desastre.» En la Botillería de las Ratas nacía el fastidio. «Diligencias vanas —dijo el Maestro—. Saldrá de ésta y tendrá otra antes de marcharse.» Barón Samedi rompió las quinielas.

Los *beatniks,* impasibles, escuchaban su *jazz* con los ojos perdidos. En el bar olía a marihuana.

—En comisión, no —dijo el celador—. Uno por uno. Las cosas, ropas, alimentos o tabaco que traigan para él, deben dejarlos sobre esa mesa. Nos ha caído buena.

—¿Por qué? —preguntó el Maestro.

—Porque esto parece el zoológico. Todo el mundo viene a ver al raro animal capturado. Mujeres sobre todo. ¿Qué esperarán?

—Un Rey en una cárcel tan cinematográfica es un buen espectáculo, ¿no crees? —preguntó el Prevaricador—. Usted debería cobrar la entrada. Podría tomarse unas estupendas vacaciones.

—¿Un Rey?

—Lo que oye —dijo el Prevaricador—. Un Rey sin corona, pero un auténtico Rey. Fue Rey en Hollywood y lo sigue siendo.

El Maestro se asomó a la ventana del patio. Un laurel daba sombra breve, ya cercano el mediodía, a un jardincillo triangular con geranios. Junto a la pared de la derecha había una fuente con pila para lavar. Las celdas, en número de ocho, tenían las puertas abiertas. A la izquierda se recortaba la espadaña del convento de las monjas.

—¿Puedo llamarle? —preguntó el Maestro.

—Claro, claro. Casi todas las mujeres coinciden en que el momento más bonito es cuando sale un poco agachado de la celda. Él es alto y se puede romper la crisma con el dintel de la puerta, ¿comprenden?

—Vaya, hombre... —dijo el Prevaricador—. Me parece que tiene usted razón. ¿Y hay más presos? Si yo fuera preso estaría celoso.

—No, toda la cárcel es para él.

El Maestro hizo bocina con las manos y llamó:

—Eh, César, que estamos aquí...

Se escuchó un gruñido y después varias palabrotas.

—Estaba dormido —dijo el celador—. Tiene razón el hombre, no le dejan vivir.

—Eh, César.

—Ya voy. Ni descansar dejáis...

El Rey apareció en escena y se situó en medio del patio. Estaba descalzo y con la greña alborotada, descamisado y con los pantalones sucios de tierra.

—Acérquese usted también —invitó el celador.

—¿Pero no decía que en comisión, no?

—Es que éste es el momento —dijo con visión de director teatral el celador—. No se pierda este momento.

El Rey, con las manos en jarras, parecía un desafiante revolucionario zapatista al que fueran a fusilar.

—¿Qué pasa?

—Nada —respondió el Maestro—. Te traemos tabaco y un pollo.

—Tengo varios cartones y ocho pollos —fue la respuesta del Rey—. Comeos el pollo y dejadme en paz. Llevo tres días a pollo frío. Acordaos que hay pescado, que es lo que me gusta.

—No te íbamos a traer un mero —dijo el Prevaricador.

—Naturalmente —dijo el Rey, y luego llamó al celador—: Oiga, ya que no puedo tomar vino por eso de las ordenanzas, deles un vasito a éstos y quédese las otras dos botellas para usted.

—De acuerdo —dijo el celador, y confidenció—: Una marquesa le ha traído tres botellas de este riquísimo vino.

—Con varios presos así se ponía usted las botas —dijo el Prevaricador.

—Desde luego —concedió el celador—, desde luego, y con este sólo, si lo tuvieran mucho tiempo, pero no durará —desconfió con fatalismo.

Los tres se asomaron a la ventana del patio.

—A tu salud, Rey —brindó el Maestro—. Porque salgas pronto, y lo celebremos.

—Ya lo estáis celebrando —dijo el Rey—, lo mismo que Samedi, que ayer a la tarde se vino con una castaña de pánico.

—No hemos podido venir hasta hoy —dijo el Prevaricador.

—Seguro... —respondió el Rey.

—Hemos tenido muchas ocupaciones —dijo el Maestro.

—Seguro... —contestó el Rey.

—Ya han pasado los cinco minutos reglamentarios —dijo el celador—. La vista se ha acabado.

—Adiós, César —dijo el Maestro.

—Adiós, Rey —gritó el Prevaricador.

—Pepe —llamó el Rey al celador—. No quiero más visitas hasta la tarde. Deseo dormir.

—Desde luego. Tiene usted razón.

El Rey hizo un ademán de despedida y se metió en su agujero. El celador acompañó a los visitantes hasta la reja.

—Hay que comprenderlo —dijo— está muy fatigado. ¿Ustedes saben lo que ha sido esto? Un jubileo, y eso que hoy ha bajado la cifra de visitantes. Aunque a la tarde vendrán las mujeres. A las mujeres les gusta el atardecer, y allí sobre las seis es cuando él hace mejor.

—Ni que fuera un monumento —dijo el Maestro.

—Ya sabe usted lo que son las mujeres: el romanticismo y todo eso... —dijo el celador camándula[75]—. ¡Y lo bien que lo ha debido pasar este tío! —añadió casi bramando.

—No lo sabe usted —dijo el Maestro.

El rey se va, viva el rey

Iza, iza, marinero, trinca la escota, caza la vela. Adiós, adiós, adiós.

—... mañana a las nueve. Me llevan a Portofino. Desde allí no será difícil encontrar otro yate. Algún inglés borracho... Me da igual...

El Rey se va y explica a sus cortesanos, en el Hermoso Café, lo lejos que está el Paraíso. El Rey ha liquidado su Palacio y todos sus asuntos. Es abril y se encuentra en forma. Luce un rico sol y mañana en el *Nurse Shark*. abanderado en el Líbano, se va rumbo a Portofino. De Portofino al garete o al Paraíso del Sur.

—¿... y no temes que te salgan mal tus planes? —pre

---

[75] Camándula: Camandulero, hipócrita, astuto.

gunta el Maestro, que gusta de la rutina— ¿... y no tienes miedo a que todo pueda fallar?

—¡Qué planes! ¡Qué fallos! —contesta el Rey—. No he hecho planes, no puede haber fallos. Simplemente voy al Paraíso.

—¿... y si no llegas? —pregunta el Prevaricador.

—He cambiado y es bastante, pero llegaré —contestó el Rey.

—¿... y si te mueres? —pregunta Barón Samedi...— ¿... y si te mueres en el camino?

—Pasaré a servirte en el cementerio —contesta el Rey

El Rey pide una ronda de ron.

—¿... hay mujerío a bordo? —pregunta el Marqués del Norte.

—Increíbles —contesta el Rey.

—¿... lujo? —pregunta el Marqués del Sur.

—Varean la plata —contesta el Rey.

—¿... y está lejos Portofino? —pregunta el Vizconde de la Rivière du Soleil.

—Más cerca que el Paríaso —contesta el Rey.

El Rey pide otra ronda de ron, y aclara que va de marinero, distinguido, pero de marinero. El Maestro se levanta de su asiento con la copa en la mano. Es la hora de la merienda en el Hermoso Café y las señoras de la ciudad se esfuerzan en caber en las butacas.

—El Rey se va, ¡viva el Rey! —grita el Maestro.

Los caballeros, puestos en pie, responden a una: ¡Viva!

El jefe de camareros se acerca a la mesa.

—Hagan ustedes el favor de no alborotar... Comprenderán que no es hora...

—No tema —dice el Rey—. Jamás se volverá a gritar en el Hermoso Café.

Y el Rey, digno y afable, sale seguido de sus caballeros hacia el bar de los *beatniks,* hacia el Nuevo Bar, hacia la Botillería de las Ratas, para celebrar la despedida.

—Nos vamos a aburrir de lo lindo —dice Barón Samedi.

—El verano está cerca —consuela el Rey.

251

—Espero que vuelvas —dice el Maestro.

—Cuando yo vuelva, si vuelvo, nadie estará ya aquí. También os habréis ido.

Iza, iza, marinero, trinca la escota, caza la vela. Aloha, aloha, aloha.

1965.

Colección Letras Hispánicas

TÍTULOS PUBLICADOS

El hombre y su poesía, MIGUEL HERNÁNDEZ.
Edición de Juan Cano Ballesta (3.ª ed.).

Cuatro obras, ALFONSO RODRÍGUEZ CASTELAO.
Edición de Jesús Alonso Montero (2.ª ed.).

La Celestina, FERNANDO DE ROJAS.
Edición de Bruno Mario Damiani (4ª ed.)

Verso y prosa, BLAS DE OTERO.
Edición del autor (4.ª ed.).

El estudiante de Salamanca, JOSÉ DE ESPRONCEDA.
Edición de Benito Varela Jácome (3.ª ed.).

Raquel, VICENTE GARCÍA DE LA HUERTA.
Edición de Joseph G. Fucilla (2.ª ed.).

Descubrimiento de Madrid, RAMÓN GÓMEZ DE LA SERNA.
Edición de Tomás Borrás (2.ª ed.).

Cárcel de amor, DIEGO DE SAN PEDRO.
Edición de Enrique Moreno Báez (2.ª ed.).

Campos de Castilla, ANTONIO MACHADO.
Edición de José Luis Cano (4.ª ed.).

El condenado por desconfiado, TIRSO DE MOLINA.
Edición de Ciriaco Morón y Rolena Adorno (2.ª ed.).

El sombrero de tres picos, PEDRO ANTONIO DE ALARCÓN.
Edición de Arcadio López-Casanova (3.ª ed.).

El pelo de la dehesa, MANUEL BRETÓN DE LOS HERREROS.
Edición de José Montero Padilla (2.ª ed.).

Los intereses creados, JACINTO BENAVENTE.
Edición de Fernando Lázaro Carreter (3.ª ed.).

Lírica española de hoy.
Edición de José Luis Cano (3.ª ed.).

Cantares gallegos, ROSALÍA DE CASTRO.
Edición de Ricardo Carballo Calero (2.ª ed.).

El gran teatro del mundo. El gran mercado del mundo. PEDRO CALDERÓN DE LA BARCA.
Edición de Eugenio Frutos (3.ª ed.).

Prosa y poesía, ALFONSO REYES.
Edición de James Willis Robb (2.ª ed.).

Itinerario poético, GABRIEL CELAYA.
Edición del autor (3.ª ed.).

Antolojía poética, JUAN RAMÓN JIMÉNEZ.
Edición de Vicente Gaos (3.ª ed.).

Poemas de los pueblos de España, MIGUEL DE UNAMUNO.
Edición de Manuel García Blanco (3.ª ed.).

El sí de las niñas, LEANDRO F. DE MORATÍN.
Edición de José Montero Padilla (3.ª ed.).

El rufián dichoso, MIGUEL DE CERVANTES.
Edición de Edward, Nagy (2.ª ed.).

Clemencia, FERNÁN CABALLERO.
Edición de Julio Rodríguez Luis.

La Tribuna, EMILIA PARDO BAZÁN.
Edición de Benito Varela Jácome.

José, ARMANDO PALACIO VALDÉS.
Edición de Jorge Campos.

Teatro sobre teatro, JOSÉ RUIBAL.
Edición del autor (2.ª ed.).

La Comendadora y otros cuentos, PEDRO ANTONIO DE ALARCÓN.
Edición de Laura de los Ríos.

Pequeñeces, P. LUIS DE COLOMA.
Edición de Rubén Benítez (2.ª ed.).

Rimas, GUSTAVO ADOLFO BÉCQUER.
Edición de José Luis Cano (3.ª ed.).

Genio y figura, JUAN VALERA.
Edición de Cyrus DeCoster.

Antología del grupo poético de 1927.
Edición de Vicente Gaos actualizada por Carlos Sahagún (3ª ed.)

Obras incompletas, GLORIA FUERTES.
Edición de la autora (3.ª ed.).

De tal palo, tal astilla, JOSÉ MARÍA DE PEREDA.
Edición de Joaquín Casalduero.

Don Álvaro o la fuerza del sino, DUQUE DE RIVAS.
Edición de Alberto Sánchez (3ª ed.)

Poema de mio Cid.
Edición de Colin Smith (3ª ed.)

Summa poética, NICOLÁS GUILLÉN.
Edición de Luis Íñigo Madrigal (2.ª ed.).

La dama duende, PEDRO CALDERÓN DE LA BARCA.
  Edición de Ángel Valbuena Briones (2.ª ed.).

Traidor, inconfeso y mártir, JOSÉ ZORRILLA.
  Edición de Ricardo Senabre (2.ª ed.).

Poesía, JORGE MANRIQUE.
  Edición de Jesús-Manuel Alda Tesán (3ª ed.)

Cleopatra Pérez, JOSÉ ORTEGA MUNILLA.
  Edición de Juan Ignacio Ferreras.

Poesía castellana completa, GARCILASO DE LA VEGA.
  Edición de Consuelo Burell (2.ª ed.).

Pipá, LEOPOLDO ALAS «CLARÍN».
  Edición de Antonio Ramos.

La casa de Bernarda Alba, FEDERICO GARCÍA LORCA.
  Edición de Allen Josephs y Juan Caballero (3.ª ed.).

Lazarillo de Tormes.
  Edición de Joseph V. Ricapito (3ª ed.)

La tejedora de sueños. Llegada de los dioses, ANTONIO BUERO
  VALLEJO.
  Edición de Luis Iglesias Feijoo (2.ª ed.).

Yerma, FEDERICO GARCÍA LORCA.
  Edición de Ildefonso-Manuel Gil (2.ª ed.).

El vergonzoso en palacio, TIRSO DE MOLINA.
  Edición de Everett Hesse. (2ª ed.)

Belarmino y Apolonio, RAMÓN PÉREZ DE AYALA.
  Edición de Andrés Amorós.

La verdad sospechosa, JUAN RUIZ DE ALARCÓN.
  Edición de Alva V. Ebersole. (2.ª ed.).

La dama boba, LOPE DE VEGA.
  Edición de Diego Marín (2.ª ed.).

El Conde Lucanor, DON JUAN MANUEL.
  Edición de Alfonso I. Sotelo (2.ª ed.).

El romancero viejo.
  Edición de Mercedes Díaz Roig (2.ª ed.).

Dulce y sabrosa, JACINTO OCTAVIO PICÓN.
  Edición de Gonzalo Sobejano.

Antología lírica, SALVADOR ESPRIU.
  Edición bilingüe de José Batlló.

El caballero encantado, BENITO PÉREZ GALDÓS.
  Edición de Julio Rodríguez-Puértolas.

El túnel, ERNESTO SÁBATO.
  Edición de Ángel Leiva (2.ª ed.).

El burlador de Sevilla y convidado de piedra, TIRSO DE MOLINA.
  Edición de Joaquín Casalduero (2.ª ed.).

La vida es sueño, PEDRO CALDERÓN DE LA BARCA.
  Edición de Ciriaco Morón (2.ª ed.).

Lírica española de tipo popular.
    Edición de Margit Frenk de Alatorre.

Cuentos, IGNACIO ALDECOA.
    Edición de Josefina Rodríguez de Aldecoa. (2ª ed.)

Pic-Nic, El triciclo, El laberinto, FERNANDO ARRABAL.
    Edición de Ángel Berenguer.

*Las salvajes en Puente San Gil. Las arrecogías del Beaterio de
    Santa María Egipciaca,* JOSÉ MARTÍN RECUERDA.
    Edición de Francisco Ruiz Ramón.

El lindo don Diego, AGUSTÍN MORETO.
    Edición de Frank P. Casa y Berislav Primorac.

De los nombres de Cristo, FRAY LUIS DE LEÓN.
    Edición de Cristóbal Cuevas.

Espectáculos y diversiones públicas. Informe sobre la Ley Agraria,
    GASPAR MELCHOR DE JOVELLANOS.
    Edición de José Lage.

DE INMINENTE APARICIÓN

Poema del Cante Jondo. Romancero gitano, FEDERICO GARCÍA
    LORCA.
    Edición de Allen Josephs y Juan Caballero.

El alcalde de Zalamea, PEDRO CALDERÓN DE LA BARCA.
    Edición de A. J. Valbuena Briones.